AULA 2
INTERNACIONAL

Recursos gratis para estudiantes y profesores
campus difusión

AULA 2 A2
INTERNACIONAL
CURSO DE ESPAÑOL NUEVA EDICIÓN

Autores: Jaime Corpas, Agustín Garmendia, Carmen Soriano

Coordinación pedagógica: Neus Sans

Coordinación editorial y redacción: Pablo Garrido, Núria Murillo, Paco Riera

Diseño: Besada+Cukar

Maquetación: Besada+Cukar, Enric Font

Ilustraciones: Alejandro Milà **excepto:** Roger Zanni (pág 41, pág. 49 -situaciones 2 y 6-, pág. 77, pág. 89, pág. 90, pág. 91 -Tristán-, pág. 98 -dolores-, pág. 113, pág. 115, pág. 125, pág. 145, pág. 148, pág. 151, pág. 157, pág. 164, pág. 171, pág. 180, pág. 191), Paco Riera (pág. 54), Javier Andrada (pág. 49 -situaciones 1, 4 y 5), Núria Frago (págs. 128 y 129)

Fotografías: Sandro Bedini **excepto: cubierta** J Marshall - Tribaleye Images/Alamy; **unidad 1** pág. 10 cuatro.com (fondo), Difusión (Raquel), Rocío Santander (Lucía), pág. 11 Elena Eliseeva/Photaki (Nicoleta), pág. 12 kurtxio/Flickr, pág. 13 Lisa F. Young/Dreamstime (Alessandro, Cheikh, Vincent), Raquel Sagarra (Manon), Saul Tiff (Pavel), pág. 14 fotoedu/Photaki, Goldenkb/Dreamstime, Paco Ayala/Photaki, pág. 19 Anna Domènech, pág. 20 cartelespeliculas.com, images_edse.epochtimes.de, oci.diaridegirona.cat, lugaresquever.blogspot.com, incine.fr, Pablo Picasso - VEGAP - Barcelona (2004) El Piano, pág. 21 puntodelectura.com, blog.moodmedia.com, sinembargo.mx; **unidad 2** pág. 22 reddit.com, pág. 23 confidencialcolombia. com, Dovidena del Campo/Wikimedia Commons, George Stroud/Getty Images, sportlife.es/Araceli Segarra, cinemaartscentre.org, Time Life Pictures/Getty Images, pág. 25 Sogecine/ Himenoptero/UGC Images/Eyescreen/Album, academiadelcine.com, coveralia.com, pág. 26 Czanner/Dreamstime, Rui Vale De Sousa/Dreamstime, Francisco José González/Photaki, Núria Murillo, Martin Novak/Dreamstime, pág. 27 Soyazur/Istockphoto, pág. 30 Focus Features/Album, Album/akg-images, pág. 32 ecartelera.com, formulatv.com, Carlos Alvarez/Getty Images, Pablo Blázquez Domínguez/Getty Images; **unidad 3** pág. 34 Ingram Publishing, sasel77/Fotolia, igmarx/Istockphoto, pág. 35 José Ramón Pizarro/Photaki, Manolo Guerrero/ Photaki, Marc Guillen, Paco Ayala/Photaki, pág. 36 Andres Rodriguez/Dreamstime, Justforever/Dreamstime, Arenacreative/Dreamstime, pág. 37 Marc Guillen, pág. 39 Miguel Ángel López Moreira/Photaki, pág. 42 Saul Tiff, Marko Matovic, Yordan Rusev/Dreamstime, DonNichols/Istockphoto, pág. 43 Oratio Laguardia/Photaki, Núria Murillo, pág. 44 Alexandre Fagundes De Fagundes/Dreamstime, eclectictrends.com, pág. 45 Casa museo Manuel de Falla/Ayuntamiento de Granada; **unidad 4** pág. 48 Marc Guillen, pág. 50 Marc Guillen, online.apanymantel.com, Ekaterina Semenova/Dreamstime, pág. 54 Oscar García Ortega, pág. 56 Rowanwindwhistler/Wikimedia Commons, doingmadrid.com, viajeros.com.jpg; **unidad 5** pág. 61 Luciano Mortula/ Dreamstime, Raquel Sagarra, Jarnogz/Dreamstime, Núria Murillo, pág. 62 Wavebreak Media/Photaki, Enrique Gómez/Dreamstime, pág. 64 Guillaume Baviere/Flickr, verbiclara.wordpress. com, eurobanks/Istockphoto, pág. 67 César Acebal/Flickr, Ed Francissen/Dreamstime, Bert Kaufmann/Flickr, pág. 68 soclega/Flickr, Christian Haugen/Flickr, pág. 69 MGPanoramico/ Flickr, Difusión, mcowlerson.com; **unidad 6** pág. 72 Difusión, Frederick Dennstedt, Saul Tiff, Pat Herman, Nick Lobeck, David Eisenberg, Erik Dungan, pág. 73 Saul Tiff, pág. 74 JJAVA/ Fotolia, onnoth/Flickr, pág. 75 Antonio Guillem/Photaki, KarSol/Flickr, pág. 78 Granel Gràcia, Dimjul/Dreamstime, Nikolay Pozdeev/Dreamstime, pág. 80 Miguel Ángel López Moreira/ Photaki, KarSol/Flickr, Zal Aragon/Fotolia, Difusión, Jon E. Eguiluz/Flickr, JM Molina/Photaki, Monkey Business Images/Dreamstime, elclicdelafruta.com , pág. 81 dehesa-extremadura.com, elclicdelafruta.com , webos fritos/Flickr, gastroteca.cat , absolutmadrid.com, Marceibiza/Wikimedia Commons, Jonathan Rubio/Flickr, Xavigivax/Wikimedia Commons, fruteriasanmartin. es; **unidad 7** pág. 84 Vanessak/Dreamstime, Aquarium San Sebastián, .Robert./Flickr, Saul Tiff, viamagna.es, pág. 85 revistavortice.wordpress.com, punto de lectura, warnerbros.com. mx, pág. 86 Pabkov/Dreamstime, pág. 87 Difusión, pág. 88 Chaninya Rungruang/Dreamstime, Lee Snider/Dreamstime, woraput/Istockphoto, pág. 92 ephotozine.com, kudumomo_flickr, Anouchka Unel/Wikimedia Commons, pág. 93 Raul Urzua de la Sotta/Flickr, Maria Teresa Weinmann/Dreamstime; **unidad 8** pág. 94 vk.com, pág. 95 Difusión, saludnatural.biomanantial. com, enterbio.es, biorincon.es, pág. 96 Luis Alvarenga/Dreamstime, Liliia Rudchenko/123RF, Sergey Novikov/123RF, Stasvolik/Dreamstime, Radu Razvan/123RF, pág. 99 Julija Sapic/123RF, pág. 100 Juan Pablo Olmo/Flickr, Gomni/Flickr, Heike Rau/Fotolia, pág. 103 Godfer/Dreamstime, Canettistock/Dreamstime, Rixie/Dreamstime, pág. 104 Ryan McVay/Getty Images (balón), Andres Rodriguez/Dreamstime (gimnasia), Willtron/Flickr (surf); **unidad 9** pág. 106 Archivo histórico provincial de Lugo, carfolio.com, haltermag.com, philips.es, periodicoshoy.blogspot. com.es, allposters.es, elcultural.es, pág. 107 robson.m3rlin.org, mediamarkt.es, diariofemenino.com, guiaautomotrizcr.com, enateneo.blogspot.com.es, Carl Van Vechten/Wikimedia Commons, pág. 109 pullmantur.es, pág. 111 Agustín Garmendia, pág. 116 caminoasantiago.blogspot.com.es, alimero.ru, Bjeayes/Dreamstime, mundodespierta.com, Wikimedia Commons, pág. 117 Wikimedia Commons, militante.org; **unidad 10** pág. 118 Richard Carey/Dreamstime, pág. 120 noticias.mexico.lainformacion.com, Horacio Villalobos/Corbis, myspanishinspain. wordpress.com, pa´g. 121 tusquetseditores.com, Manuel Urrutia/Wikimedia Commons, pág. 122 dailynewsegipt.com, pág. 126 L. F. Rabanedo de la Fuente/Photaki, Iván Serrano/Photaki, pág. 127 Vladyslav Makarov/123RF; **MÁS EJERCICIOS** pág. 135 M. Belver, Eduardo Cesario, COVER, Elvele Images/Alamy, Fotos International-KPA-ZUMA/Album, pág. 141 COVER, pág. 144 T. Estrada, Helmut Gever, pág. 146 Jitalia17/Istockphoto, pág. 148 Kostyantin Pankin/Dreamstime, Pleprakaymas/Dreamstime, Thanawat Srikaew/Dreamstime, Willeecole/Dreamstime, Vincent Giordano/Dreamstime, pág. 156 Africa Mayi Reyes/Flickr, pág. 159 James Willamor/Flickr, pág. 163 Laura Díaz, pág. 165 Saul Tiff, pág. 182 Mark Harkin/Flickr, pág. 186 bedincuba.com, oem.com.mx, megabyte.net, Tupungato/Dreamstime, jfklibrary.org, ecuadortimes.net, pág. 190 Sofiia Kravchenko/Dreamstime

Locuciones: Moritz Alber, Carlota Alegre, Antonio Béjar, Celina Bordino, Iñaki Calvo, Cristina Carrasco, Barbara Ceruti, Mª Isabel Cruz, Paulina Fariza, Miguel Figueroa, Guillermo García, Oscar García, Pablo Garrido, Laura Gómez, Olatz Larrea, Luis Luján, Emilio Marill, Carmen Mora, Núria Murillo, Amaya Núñez, Camilo Parada, Begoña Pavón, Jorge Peña, Javier Príncep, Paco Riera, Mamen Rivera, Leila Salem, Laia Sant, David Velasco, Nuria Viu

Asesores de la nueva edición:
Centro de Lenguas de la Universidad de Tubinga, Instituto Cervantes de Roma, Instituto Cervantes de Atenas, CLIC Sevilla, IH Barcelona, Universidad de Málaga, BCN Languages

Agradecimientos: Bertrand Amaraggi, Anna Carreras, Anne Cohen-Hadria, Anna Domènech, Oscar García Ortega, Anthony Petitprez, Raquel Sagarra, Rocío Santander, Charline Stierlen, Alba Vilches, Enrico Visentin, Naïry Vrouyr, Claudia Zoldan, Granel Gracia

© Los autores y Difusión, S.L. Barcelona 2013
ISBN versión internacional: 978-84-15640-10-3
ISBN versión Talenland: 978-94-6325-0016
ISBN versión EF: 978-84-16657-12-4
Reimpresión: agosto 2018
Impreso en España por Gómez Aparicio

difusión
Centro de Investigación y Publicaciones de Idiomas, S. L.

C/ Trafalgar, 10, entlo. 1ª
08010 Barcelona
Tel. (+34) 93 268 03 00
Fax (+34) 93 310 33 40
editorial@difusion.com

www.difusion.com

AULA INTERNACIONAL 2

INTERNACIONAL

2

NUEVA EDICIÓN

Jaime Corpas
Agustín Garmendia
Carmen Soriano

Coordinación pedagógica
Neus Sans

CÓMO ES
AULA INTERNACIONAL NUEVA EDICIÓN

Aula internacional nació con la ilusión de ofrecer una herramienta moderna, eficaz y manejable con la que llevar al aula de español los enfoques comunicativos más avanzados. La respuesta fue muy favorable: miles de profesores han confiado en este manual y muchos cientos de miles de alumnos lo han usado en todo el mundo. **Aula internacional Nueva edición** es una rigurosa actualización de esa propuesta: un manual que mantiene el espíritu inicial, pero que recoge las sugerencias de los usuarios, que renueva su lenguaje gráfico y que incorpora las nuevas tecnologías de la información. Gracias por seguir confiando en nosotros.

EMPEZAR

En esta primera doble página de la unidad se explica qué tarea van a realizar los estudiantes y qué recursos comunicativos, gramaticales y léxicos van a incorporar. Los alumnos entran en la temática de la unidad con una actividad que les ayuda a activar sus conocimientos previos y les permite tomar contacto con el léxico de la unidad.

COMPRENDER

En esta doble página se presentan textos y documentos muy variados (páginas web, correos electrónicos, artículos periodísticos, folletos, tests, anuncios, etc.) que contextualizan los contenidos lingüísticos y comunicativos básicos de la unidad. Frente a ellos, los estudiantes desarrollan fundamentalmente actividades de comprensión.

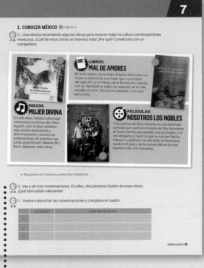

Este icono indica en qué actividades hay un **documento auditivo**.

Esta referencia indica qué ejercicios de la sección *Más ejercicios* están más relacionados con cada actividad.

EXPLORAR Y REFLEXIONAR

En estas cuatro páginas los estudiantes realizan un trabajo activo de observación de la lengua –a partir de muestras o de pequeños corpus– y practican de forma guiada lo aprendido.

Los estudiantes descubren así el funcionamiento de la lengua en sus diferentes niveles (morfológico, léxico, funcional, discursivo, etc.) y refuerzan su conocimiento explícito de la gramática.

En la última página de esta sección se presentan esquemas gramaticales y funcionales a modo de consulta. Con ellos se persigue la claridad, sin renunciar a una aproximación comunicativa y de uso a la gramática.

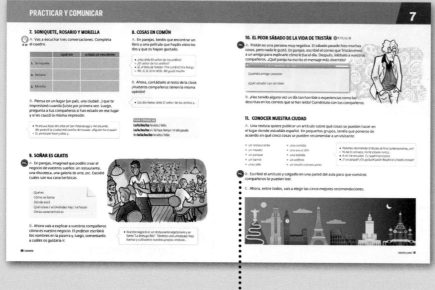

PRACTICAR Y COMUNICAR

Esta sección está dedicada a la práctica lingüística y comunicativa, e incluye propuestas de trabajo muy variadas.

El objetivo es que los estudiantes experimenten el funcionamiento de la lengua a través de microtareas comunicativas en las que se practican los contenidos presentados en la unidad. Muchas de las actividades están basadas en la experiencia del alumno: sus observaciones y su percepción del entorno se convierten en material de reflexión intercultural y en un potente estímulo para la interacción comunicativa en el aula. Al final de esta sección, se proponen una o varias tareas que implican diversas destrezas y que se concretan en un producto final escrito u oral que el estudiante puede incorporar al Portfolio.

Este icono indica algunas actividades que podrían ser incorporadas al **portfolio** del estudiante.

Actividad de vídeo. Cada unidad cuenta con un vídeo, de formatos diversos, concebido para desarrollar la comprensión audiovisual de los estudiantes.

VIAJAR

La última sección de cada unidad incluye materiales que ayudan al alumno a comprender mejor la realidad cotidiana y cultural de los países de habla hispana.

Este icono indica en qué actividades el estudiante puede usar **internet**.

En construcción. Actividad final de reflexión en la que el estudiante recoge lo más importante de la unidad.

El libro se completa con las siguientes secciones:

MÁS EJERCICIOS

Seis páginas de ejercicios por unidad. En este apartado se proponen nuevas actividades de práctica formal que estimulan la fijación de los aspectos lingüísticos de la unidad. Los ejercicios están diseñados de modo que los alumnos los puedan realizar de forma autónoma, aunque también se pueden utilizar en la clase para ejercitar aspectos gramaticales y léxicos de la secuencia.

"Léxico", un apartado con ejercicios para practicar el léxico de la unidad.

"Sonidos y letras", un apartado con ejercicios de entonación y pronunciación.

MÁS GRAMÁTICA

Además de la página de gramática incluida en cada unidad, el libro cuenta con una sección que aborda de forma más extensa y detallada todos los puntos gramaticales de este nivel.

Se incluye, asimismo, una serie de modelos de conjugación verbal para todos los tiempos estudiados en este nivel.

campus difusión

- Vídeos
- Audios
- Actividades para practicar los contenidos de cada unidad
- Evaluaciones autocorregibles
- Glosarios
- Transcripciones
- **Soluciones de las actividades de** Más ejercicios

Recursos gratis para estudiantes y profesores
campus difusión

1 / EL ESPAÑOL Y TÚ

→ EMPEZAR

1. CUATRO LENGUAS EN CASA

A. Annelien y Vasile viven con sus hijos en Madrid. ¿Qué lenguas hablan?

1. Annelien habla .... con sus hijos.
2. Vasile habla .... con sus hijos.
3. Annelien habla .... en su trabajo.
4. Nico y Daniela hablan .... entre ellos.
5. Nico y Daniela hablan .... con sus abuelos maternos.
6. Nico y Daniela hablan .... con su abuela paterna.
7. Nico y Daniela hablan .... en la escuela.
8. Annelien y Vasile hablan en ....

B. ¿Conoces a alguna familia parecida?

- Yo conozco un chico alemán que está casado con una china y viven en París. Entre ellos hablan francés y con los niños hablan alemán y chino.

RAQUEL
COMPAÑERA DE TRABAJO
DE ANNELIEN

BRAM Y MARIJKE
ABUELOS MATERNOS
DE NICO Y DANIELA

HOLANDÉS

LUCÍA
COMPAÑERA DE LA ESCUELA
DE NICO Y DANIELA

ESPAÑOL

ESPAÑOL

EN ESTA UNIDAD VAMOS A
HACER RECOMENDACIONES A NUESTROS COMPAÑEROS PARA APRENDER MEJOR EL ESPAÑOL

RECURSOS COMUNICATIVOS
- hablar de hábitos
- hablar de la duración
- preguntar y responder sobre motivaciones
- hablar de dificultades
- hacer recomendaciones
- describir sentimientos

RECURSOS GRAMATICALES
- los presentes regulares e irregulares
- verbos reflexivos
- los verbos **costar** y **sentirse**
- **para** / **porque**
- **desde** / **desde hace** / **hace ... que**

RECURSOS LÉXICOS
- **sentirse ridículo/-a, seguro/-a, inseguro/-a, frustrado/-a, bien, mal**...
- actividades para aprender idiomas

ANNELIEN
MADRE DE NICO Y DANIELA

VASILE
PADRE DE NICO Y DANIELA

NICOLETA
ABUELA DE NICO Y DANIELA

INGLÉS

RUMANO

RUMANO

HOLANDÉS

RUMANO Y ESPAÑOL

NICO Y DANIELA

ESPAÑOL Y HOLANDÉS

ESPAÑOL

COMPRENDER

2. TEST ORAL ➕ P. 132, EJ. 1-2

A. Barbara empieza hoy un curso de español en España. En su escuela le hacen una entrevista para conocer su nivel. Escucha y completa la ficha de inscripción.

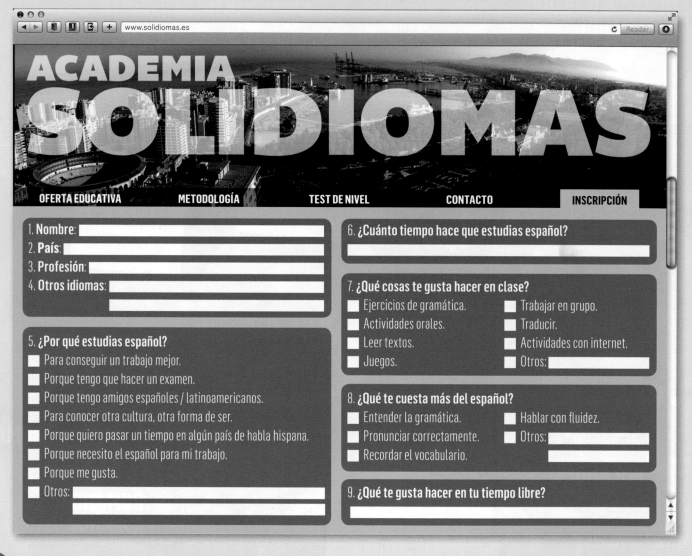

www.solidiomas.es

ACADEMIA SOLIDIOMAS

OFERTA EDUCATIVA | METODOLOGÍA | TEST DE NIVEL | CONTACTO | **INSCRIPCIÓN**

1. **Nombre:**
2. **País:**
3. **Profesión:**
4. **Otros idiomas:**

5. ¿Por qué estudias español?
- ☐ Para conseguir un trabajo mejor.
- ☐ Porque tengo que hacer un examen.
- ☐ Porque tengo amigos españoles / latinoamericanos.
- ☐ Para conocer otra cultura, otra forma de ser.
- ☐ Porque quiero pasar un tiempo en algún país de habla hispana.
- ☐ Porque necesito el español para mi trabajo.
- ☐ Porque me gusta.
- ☐ Otros:

6. ¿Cuánto tiempo hace que estudias español?

7. ¿Qué cosas te gusta hacer en clase?
- ☐ Ejercicios de gramática.
- ☐ Actividades orales.
- ☐ Leer textos.
- ☐ Juegos.
- ☐ Trabajar en grupo.
- ☐ Traducir.
- ☐ Actividades con internet.
- ☐ Otros:

8. ¿Qué te cuesta más del español?
- ☐ Entender la gramática.
- ☐ Pronunciar correctamente.
- ☐ Recordar el vocabulario.
- ☐ Hablar con fluidez.
- ☐ Otros:

9. ¿Qué te gusta hacer en tu tiempo libre?

B. Compara tu ficha con la de un compañero. ¿Tenéis toda la información? Podéis volver a escuchar la entrevista.

C. Formula a tu compañero las preguntas de la entrevista y anota sus respuestas.

> • ¿Cuánto tiempo hace que estudias español?
> ○ Un año. ¿Y tú?

D. Cuenta a la clase las cosas más interesantes que has descubierto sobre tu compañero.

> • David habla un poco de chino y estudia español porque tiene una amiga en Guatemala...

1

3. ME SIENTO RIDÍCULO CUANDO HABLO ESPAÑOL ⊕ P. 132, EJ. 3; P. 137, EJ. 18

A. En este artículo algunos estudiantes hablan sobre el aprendizaje de lenguas.
Léelo y subraya las cosas que también te pasan a ti o con las que estás de acuerdo.

¿QUÉ SIENTEN EN CLASE DE ESPAÑOL?

En el aula pueden aparecer muchas emociones: negativas, como la ansiedad, el miedo o la frustración; pero también positivas, como la ilusión, el entusiasmo, la diversión… Los estudios dicen que todas esas emociones afectan al proceso de aprendizaje. Algunos estudiantes extranjeros nos cuentan cómo viven la experiencia de aprender español.

"Creo que hay idiomas más fáciles que otros. Y para mí, que soy italiano, el español es una lengua bastante fácil. Me lo paso bien en clase porque lo entiendo todo fácilmente." **Alessandro**

"Yo soy un poco tímida y me siento insegura cuando tengo que responder a las preguntas del profesor. Además, no me gusta salir a la pizarra. Me da vergüenza." **Kate**

"Me siento bien cuando trabajo en pequeños grupos. Creo que va muy bien para aprender un idioma. Pero no me gusta hacer ejercicios repetitivos de gramática." **Cheikh**

"Me siento ridícula cuando hablo español porque tengo mucho acento. Por eso me siento fatal cuando tengo que hablar delante de mis compañeros." **Manon**

"Yo normalmente me divierto mucho en clase. Creo que el profesor tiene que motivar a los estudiantes y crear un clima agradable. Eso es muy importante para aprender." **Pavel**

"Me gusta trabajar con otros compañeros, pero me siento insegura cuando hablo con un compañero que sabe más español que yo." **Rita**

"Cuando leo un texto o escucho una conversación, me siento un poco frustrada si no entiendo todas las palabras." **Shui**

"Me siento mal cuando el profesor me corrige delante de mis compañeros. Para mí la corrección gramatical no es lo más importante." **Vincent**

B. ¿Y tú qué opinas? ¿Cómo te sientes en clase?
Coméntalo con tus compañeros.

- Yo no me siento frustrada cuando no entiendo todas las palabras.
- Yo tampoco, pero me siento un poco ridículo cuando hablo español…

4. LOS NUEVOS ESPAÑOLES ⊕ P. 133, EJ. 4-6

A. Estas personas viven en España por diferentes motivos. Lee los textos y decide cuál crees que vive mejor. Justifica tu respuesta.

Lotta Langstrum (sueca). **Tiene** 39 años y hace dos que vive cerca de Santiago, en una casa en el campo. Es profesora de canto y **enseña** en una escuela de música. Tiene las mañanas libres. Normalmente **se levanta** temprano y **desayuna** en un bar. "Trabajo toda la tarde y por las noches **estudio** español, **veo** la tele y **leo**". Todavía no **entiende** perfectamente el español, pero le gusta su vida en España. No **quiere** volver a Suecia, de momento.

Paul Jones (inglés). Hace más de veinte años que **vive** en Barcelona y no **piensa** volver a su país. "Me gusta la vida aquí: el clima, la comida, la gente...". **Es** el director de una academia de idiomas y **trabaja** muchas horas al día. **Viaja** mucho, no solo por España, sino también por Europa y Asia. **Está** casado con una española, así que **domina** bastante bien el español porque **habla** español en casa. Sin embargo, Paul **dice**: "**reconozco** que aún **tengo** dificultades con la lengua. Mi problema **es** que después de 20 años, todavía **confundo** los tiempos del pasado".

Akira Akijama (japonés). Tiene una beca para hacer un máster en Música y vive en Granada desde enero del año pasado. **Va** a clase por la tarde, así que se levanta tarde y **pasea** por la ciudad. "Cada día **descubro** un rincón nuevo. Los fines de semana **salgo** por la noche con amigos y no **vuelvo** hasta las cinco o las seis de la mañana. La gente aquí sale mucho." Cuando le **preguntamos** si quiere quedarse en España responde: "aún no lo **sé**, pero la verdad es que me gusta mucho la vida aquí, así que **puede** ser...".

B. En el texto, los verbos en negrita están en presente. ¿Sabes cuál es su infinitivo? Escríbelo en tu cuaderno.

C. Aquí tienes un verbo regular de cada conjugación. De los verbos anteriores, ¿cuáles funcionan como los del cuadro? ¿Cuáles no?

	HABLAR	COMER	VIVIR
(yo)	hablo	como	vivo
(tú)	hablas	comes	vives
(él/ella/usted)	habla	come	vive
(nosotros/nosotras)	hablamos	comemos	vivimos
(vosotros/vosotras)	habláis	coméis	vivís
(ellos/ellas/ustedes)	hablan	comen	viven

D. Clasifica los verbos irregulares que aparecen en el texto según su tipo de irregularidad.

E > IE	quiere
O > UE	
1ª persona irregular	
C > ZC en la 1ª persona del singular	
otros	

5. HACE DOS AÑOS QUE ESTUDIO ESPAÑOL ⊕ P. 133, EJ. 7; P. 134, EJ. 8

A. Fíjate en las cosas que ha hecho Naomi desde el año 2005 hasta la actualidad y completa las frases.

Estudia español **desde** ....

Hace .... años **que** vive con Pepe en Madrid.

Trabaja en una empresa de informática **desde hace** .... años.

B. Ahora completa las frases hablando de ti.

Vivo en .... **desde** ....

Estudio español **desde hace** ....

Hace .... **que** trabajo en ....

Desde ....

Hace .... **que** ....

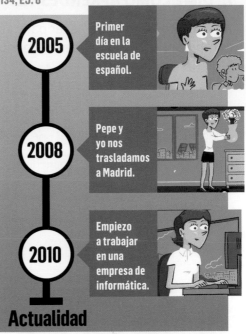

2005 — Primer día en la escuela de español.

2008 — Pepe y yo nos trasladamos a Madrid.

2010 — Empiezo a trabajar en una empresa de informática.

Actualidad

6. ME CUESTA ⊕ P. 134, EJ. 9-10; P. 135, EJ. 12

A. Lee los problemas de estos estudiantes. ¿Con cuáles de ellos te identificas más?

Mary: "Creo que tengo poco vocabulario y además no me acuerdo de las palabras cuando las necesito. También **me cuesta** entender los textos."

Gudrun: "A veces **me cuesta** entender a la gente cuando habla."

Lucy: "**Me cuestan** mucho los verbos irregulares. Para mí, son **lo más difícil**."

Pedro: "Para mí **es muy difícil** pronunciar la erre. También **me cuesta** la entonación."

Hans: "**Me siento inseguro** cuando hablo. Sé que cometo errores y no me gusta..."

B. ¿Qué problemas tienes tú?

C. ¿Cuál de los siguientes consejos es más apropiado para los estudiantes del apartado A?

1. Para eso, **lo mejor** es ver películas, escuchar canciones...
2. Para eso **va bien** repetir muchas veces una frase y grabarla.
3. Creo que **tienes que** leer más revistas, libros...
4. Yo creo que **va bien** hablar mucho, perder el miedo...
5. **Lo mejor es** no preocuparse por entenderlo todo.
6. Yo creo que **va bien** intentar utilizar las palabras nuevas en las conversaciones.
7. **Tienes que** mirar la cara y las manos de la gente porque eso ayuda a entender lo que dicen.
8. Yo creo que **va bien** escribir las palabras que quieres recordar.
9. **Tienes que** hacer ejercicios de gramática y juegos para recordar las formas irregulares.

• *El consejo número 1 puede ser para Gudrun.*

7. DIME CÓMO APRENDES Y...

A. ¿Qué cosas puedes hacer para aprender español? En parejas, escribid frases combinando los siguientes elementos (intentad usarlos todos).

- Memorizar
- Escribir
- Leer
- Hacer
- Repetir
- Ver
- Tener
- Buscar
- Chatear
- Pegar

muchas palabras | películas | de móvil | frases y palabras | información | en el país | muchos ejercicios

mensajes | de gramática | periódicos | en versión original | en internet | de los textos | textos

un novio o una novia nativos | revistas | un intercambio | en el diccionario | un diario | todas las palabras

con amigos | en voz alta | con gente | con un nativo | cuando viajo | poemas y canciones

la tele | en las paredes de casa

Hacer un intercambio con un nativo.

B. Ahora decidid cuáles de las cosas que habéis escrito son más útiles para aprender bien un idioma. ¿Podéis añadir alguna otra idea?

PARA COMUNICAR

Leer el periódico / hablar con nativos : **es muy útil / no es muy útil**.
va bien / no va bien.
es lo mejor.

- *Yo creo que memorizar muchas palabras va bien.*
- *¿Sí? Yo no, yo creo que no es muy útil. Lo importante es saber usar las palabras...*

C. Ahora, explicad a vuestros compañeros cuáles son, para vosotros, las tres cosas más importantes.

- *Para nosotros, las tres cosas más importantes son...*

PRESENTE DE INDICATIVO

VERBOS PRONOMINALES

	LEVANTARSE	SENTIRSE
(yo)	me levanto	me siento
(tú)	te levantas	te sientes
(él/ella/usted)	se levanta	se siente
(nosotros/nosotras)	nos levantamos	nos sentimos
(vosotros/vosotras)	os levantáis	os sentís
(ellos/ellas/ustedes)	se levantan	se sienten

VERBOS IRREGULARES MÁS FRECUENTES

SER	ESTAR	IR	TENER	DECIR
soy	estoy	voy	tengo	digo
eres	estás	vas	tienes	dices
es	está	va	tiene	dice
somos	estamos	vamos	tenemos	decimos
sois	estáis	vais	tenéis	decís
son	están	van	tienen	dicen

O > UE	E > IE	E > I	C > ZC
PODER	QUERER	PEDIR	CONOCER
puedo	quiero	pido	conozco
puedes	quieres	pides	conoces
puede	quiere	pide	conoce
podemos	queremos	pedimos	conocemos
podéis	queréis	pedís	conocéis
pueden	quieren	piden	conocen
volver	entender	vestirse	traducir
acordarse	pensar	servir	conducir

 Hay algunos verbos que son irregulares en la primera persona: **hacer (hago)**, **poner (pongo)**, **salir (salgo)**, **saber (sé)**...

HABLAR DE LA DURACIÓN (I)

- ¿**Cuánto** (tiempo) **hace que** estudias español?
- ○ (**Hace**) Dos años.

- ¿**Hace mucho que** vivís en España?
- ○ Yo no, no mucho. Solo **hace** seis meses.
- ■ Yo sí, mucho tiempo; diez años ya.

- ¿**Desde cuándo** conoces a Pedro?
- ○ **Desde** el año pasado / **desde hace** un año.*

 * **Desde** y **hace** se pueden combinar: *Vivo en esta casa **desde hace** dos años.*
~~Conozco a Pedro desde un año.~~

HABLAR DE PROBLEMAS Y DE DIFICULTADES EN EL APRENDIZAJE

Me Te Le Nos Os Les	**cuesta** (mucho / un poco)	hablar (INFINITIVO) la gramática (NOMBRES EN SINGULAR)
	cuestan (mucho / un poco)	los verbos (NOMBRES EN PLURAL)

- ¿Qué es lo que más **te cuesta**?
- ○ A mí **me cuesta** mucho pronunciar la erre, ¿y a ti?
- No sé, **a mí me cuestan** mucho los verbos.

SENTIRSE + ADJETIVO + CUANDO + PRESENTE ➕ P. 134, EJ. 11
- **Me siento** ridículo **cuando** hablo español.
- ○ Yo **me siento** insegura **cuando** hablo con nativos.

OTROS RECURSOS
- Para mí, **lo más difícil es** entender a la gente.
- ○ Pues para mí, (**lo más difícil**) **son** los verbos.

- Para mí, **es muy difícil** entender películas en español.
- ○ Para mí, **son muy difíciles** las palabras largas.

- **Me da vergüenza** salir a la pizarra.

HACER RECOMENDACIONES

Tienes / Tiene que **Lo mejor es**	+ infinitivo

- Necesito aprender más vocabulario.
- ○ Pues **tienes que** escuchar la radio o ver más la tele.
- ■ Yo creo que, para eso, **lo mejor es** leer mucho.

Va (muy) bien	+ infinitivo + nombres en singular
Van (muy) bien	+ nombres en plural

- Para perder el miedo a hablar, **va muy bien** salir con nativos.
- ○ Y también **van muy bien** los intercambios.

HABLAR DE MOTIVACIONES

- ¿**Por qué** estudiáis español?
- ○ Yo, **porque** quiero trabajar en España.
- ■ Pues yo, **para** conseguir un trabajo mejor.

8. MI BIOGRAFÍA LINGÜÍSTICA ⊕ P. 137, EJ. 17

02

A. Vas a escuchar a Ana hablando de las lenguas con las que está en contacto. Toma notas en el siguiente cuadro.

BIOGRAFÍA LINGÜÍSTICA

	¿En qué situaciones las usa?
polaco	
inglés	
italiano	

B. ¿Y tú con qué lenguas estás en contacto? En una hoja, escribe tu biografía lingüística teniendo en cuenta estos ámbitos.

- Familia
- Amigos
- Vacaciones
- Trabajo
- Televisión y cine
- Internet
- Música
- Literatura
- Gastronomía
- Otros...

C. Ahora el profesor reparte las biografías y, en grupos, leéis las que os han tocado. ¿Sabéis de qué compañero es cada una?

Hablo español porque vivo en Barcelona. Con mi familia hablo holandés, que es mi lengua materna, pero con mi novio hablo italiano, porque él es de Roma. En el trabajo a veces hablo alemán, porque tengo muchos clientes alemanes. Y entiendo algunas palabras en francés, porque me encanta el cine francés y veo siempre películas en versión original. Además...

9. ¿CÓMO APRENDES?

Lee el siguiente texto sobre los estilos de aprendizaje y marca con cuál o cuáles te identificas más. Luego, coméntalo con tus compañeros.

¿Cómo aprendemos MEJOR?

No hay una sola forma de aprender: las personas pensamos, relacionamos y recordamos la información de maneras distintas. Los expertos hablan de "estilos de aprendizaje" y dicen que cada uno de nosotros tiene un estilo predominante.

DEPENDIENTE DE CAMPO O INDEPENDIENTE DE CAMPO

El estudiante independiente de campo es analítico. Cuando aprende idiomas se siente cómodo si conoce las reglas. Le gusta planificar lo que va a hacer y, por lo general, es bastante autónomo. Además, cuando usa la lengua, le da mucha importancia a la corrección. En cambio, el estudiante dependiente de campo aprende más por el contexto. Para él no es tan importante conocer las reglas, prefiere ver ejemplos de uso de la lengua. Y le importa más tener fluidez que hablar correctamente.

VISUAL, AUDITIVO, CINESTÉSICO O TÁCTIL

El estudiante visual aprende más cuando lee, ve palabras escritas en la pizarra o ve vídeos. Además, generalmente necesita tomar notas: si no, le cuesta retener la información.

En cambio, el estudiante auditivo aprende más cuando escucha o habla. Por eso, le va bien escuchar al profesor, escuchar canciones o textos orales y contar cosas a sus compañeros.

El estudiante cinestético aprende mejor experimentando cosas: le va bien moverse por la clase, hacer juegos de rol o actividades físicas.

El táctil necesita hacer cosas con sus manos. A este tipo de estudiante le va bien recortar cosas, reconstruir textos desordenados, hacer murales, etc.

GRUPAL O INDIVIDUAL

El estudiante con un estilo de aprendizaje grupal aprende y recuerda mejor la información nueva cuando trabaja con otras personas. En cambio, el estudiante individual prefiere trabajar solo.

> • Yo creo que soy más visual, porque me gusta hacer esquemas, anotar las palabras...

10. PARA APRENDER ESPAÑOL...

 A. En parejas, vais a crear un cuestionario para saber cómo aprenden vuestros compañeros de clase y qué dificultades tienen.

B. Ahora, vais a hacer las preguntas a dos compañeros. Anotad sus respuestas.

 C. Pensad qué consejos les podéis dar y elaborad una ficha con vuestras recomendaciones para cada uno.

> ¿Hablas español fuera de clase? ¿Con quién?
> ¿Qué es lo más difícil del español para ti?
> ¿Cuándo te sientes más inseguro en clase?
> ¿Qué haces para recordar lo que aprendes?

11. NOMBRES DE LA CULTURA HISPANA P. 135, EJ. 13

A. ¿Cuáles son para ti los personajes más importantes de la cultura hispana?

EN VERSIÓN ORIGINAL

Las razones por las que aprendemos una lengua son siempre variadas y personales. A veces estudiamos una nueva lengua para entendernos con amigos, familiares, colegas, clientes... Pero a veces también lo hacemos para acercarnos a personajes que nos interesan, para entenderlos mejor. Muchas personas en todo el mundo estudian español para ver las películas de Almodóvar o Buñuel en versión original, para leer en español las obras de Vargas Llosa o García Márquez, para entender las canciones de Shakira y para leer estudios sobre Gaudí o Goya. Todas esas personas quieren conocer a los nombres de la cultura hispana en "versión original".

Buñuel, Almodóvar, González Iñárritu, Luis Puenzo, Alejandro Amenábar

Tàpies, Fernando Botero, Antonio Seguí, Frida Kahlo, Dalí, Miró, Picasso

Pau Casals, Joaquín Rodrigo, Daniel Baremboim

Óscar Tusquets, Ricardo Bofill, Gaudí, Moneo

José Carreras, Montserrat Caballé, Plácido Domingo, Ainoha Arteta, Juan Diego Flórez

Javier Bardem, Cecilia Roth, Gael García Bernal, Victoria Abril, Héctor Alterio, Penélope Cruz

B. Lee el texto. ¿Puedes relacionar a los personajes con sus profesiones?

- directores de cine
- escritores
- arquitectos
- cantantes de pop
- pintores
- músicos clásicos
- actores
- dibujantes
- cantantes de ópera

C. ¿Y tú? ¿Aprendes español por alguno de los motivos mencionados en el texto?

D. Busca información en internet sobre uno de los personajes y luego preséntalo a tus compañeros.

▶ VÍDEO

✛ EN CONSTRUCCIÓN

¿Qué te llevas de esta unidad?

Lo más importante para mí:

....

....

Palabras y expresiones:

....

....

Algo interesante sobre la cultura hispana:

....

....

Quiero saber más sobre...

....

....

Mariscal, Quino, Horacio Altuna, Guillermo Mordillo, Maitena

García Márquez, Borges, Isabel Allende, Vargas Llosa, Javier Marías, Octavio Paz

La Fiesta del Chivo — Mario Vargas Llosa — PREMIO NOBEL 2010

Alejandro Sanz, Paulina Rubio, Shakira, Calle 13, David Bisbal

2 UNA VIDA DE PELÍCULA

→ EMPEZAR

1. FUERON LOS PRIMEROS ⊕ P. 138, EJ. 1

Mira el reportaje. ¿Sabes qué hicieron estas personas? Coméntalo con un compañero.

ganó	superó	fue	pintó
recibió	escaló	descubrió	

- Rita Moreno fue la primera actriz hispana que .... un Óscar (en 1961, por *West Side Story*).

- Rafael Nadal .... el récord de Bjön Borg cuando ganó su séptimo Roland Garros, en 2012.

- Entre 1986 y 1988, Manuel Elkin .... la vacuna sintética contra la malaria.

- Araceli Segarra fue la primera española que .... el Everest, en 1996.

- Pablo Picasso .... el primer cuadro cubista, *Las señoritas de Aviñón*, en 1907.

- Judith Mascó .... la primera española en salir en la portada de *US Vogue*.

- Gabriela Mistral .... en 1945 el primer premio Nobel de literatura otorgado a una escritora hispana.

Fueron los primeros

Algunos son famosos, otros son casi desconocidos para la mayoría de la gente, pero todos ellos tienen algo en común: hicieron algo por primera vez.

Rafael Nadal, español (1986)

EN ESTA UNIDAD VAMOS A
ESCRIBIR UNA BIOGRAFÍA

RECURSOS COMUNICATIVOS

- relatar y relacionar acontecimientos pasados
- hablar del inicio y de la duración de una acción

RECURSOS GRAMATICALES

- forma y usos del pretérito indefinido
- **empezar a** + infinitivo
- **ir / irse**
- marcadores temporales para el pasado
- las preposiciones **desde**, **durante** y **hasta**

RECURSOS LÉXICOS

- cine
- biografías

Manuel Elkin, colombiano (1946)

Judith Mascó, española (1969)

Araceli Segarra, española (1970)

Pablo Picasso, español (1881 - 1973)

Rita Moreno, portorriqueña (1931)

Gabriela Mistral, chilena (1889 - 1957)

2. UNA INFORMACIÓN FALSA

A. Aquí tenéis cuatro tarjetas de un juego de preguntas. En cada tarjeta hay una información falsa. En parejas, encontradla.

CINE

Halle Berry fue la primera mujer afroamericana que ganó un Óscar a la mejor actriz.

La trilogía de *El señor de los anillos* se filmó en Nueva Zelanda durante dos años.

Lincoln obtuvo el Óscar a la mejor película en 2013.

HISTORIA

Cristóbal Colón llegó a América en su primer viaje en el año 1492.

Kennedy murió asesinado en el año 1963.

La Primera Guerra Mundial terminó en 1920.

DEPORTES

La selección española de fútbol ganó el Mundial de Sudáfrica en 2006.

En las olimpiadas de Londres de 2012 Usain Bolt superó el récord olímpico en los 100 metros lisos.

El jugador de golf Tiger Woods ganó el primer Major en 1997 con solo 21 años.

MÚSICA

La primera gira de los Beatles por Estados Unidos fue en 1964.

El álbum *Thriller*, de Michael Jackson, salió al mercado en 1982, pero no tuvo mucho éxito.

Mozart compuso su *Réquiem* en 1791, pero no lo acabó.

> • *Halle Berry ganó un Óscar, pero no sé si fue la primera afroamericana...*

B. Comprobad en internet si habéis encontrado las afirmaciones falsas.

3. ALEJANDRO AMENÁBAR ⊕ P. 138, EJ. 2-4; P. 142, EJ. 15

A. ¿Sabes quién es Alejandro Amenábar? ¿Has visto alguna de sus películas? Coméntalo con tus compañeros. Después, lee el texto.

ALEJANDRO **AMENÁBAR**

Nació en Santiago de Chile en 1972. Al año siguiente, poco antes del golpe de Estado de Pinochet, sus padres se fueron a vivir a España, a Madrid.

En 1990 empezó a estudiar Imagen y Sonido en la Universidad Complutense de Madrid, pero no terminó los estudios. En 1996 estrenó su primer largometraje, *Tesis*.

Sus películas más famosas llegaron poco después. En 1997 realizó su segunda película, *Abre los ojos*, que fue un gran éxito. Más tarde, Tom Cruise compró los derechos de la película para hacer *Vanilla Sky* (2001).

En 2001 estrenó *Los otros*, una película de terror y suspense en la que Nicole Kidman es la protagonista.

Tres años después, en 2004, ganó varios premios con la película *Mar adentro*, que trata el tema de la eutanasia.

En 2009 estrenó *Ágora*, una película histórica que sitúa la acción en Alejandría, en el siglo IV d.C., y que narra la vida de la filósofa Hipatia, interpretada por Rachel Weisz.

Amenábar en el rodaje de *Mar adentro* (2004).

- Yo he visto *Ágora*, con Rachel Weisz.
- Yo también, es muy buena.

B. Vas a escuchar un programa de radio sobre cine. Hoy hablan de Amenábar. ¿A qué película se refiere cada dato?

03

1. *Tesis*   2. *Ágora*   3. *Los otros*   4. *Mar adentro*   5. *Abre los ojos*

1. Con esa película Amenábar ganó el premio Goya al mejor director novel.
2. Está basada en una historia real y Javier Bardem interpreta el papel protagonista.
3. Se rodó en inglés.
4. Fue la película más cara de la historia del cine español.
5. La película ganó el Óscar a la mejor película de habla no inglesa.
6. En esa película trabaja Penélope Cruz.

4. EN 2006 HICE UN VIAJE DE TRES MESES POR ÁFRICA ⊕ P. 139, EJ. 6-7

A. Una revista ha pedido a sus lectores que compartan experiencias increíbles. ¿Cuál de ellas te parece más interesante?

UNA EXPERIENCIA INCREÍBLE

GERMÁN

"En 2006 **hice** un viaje de tres meses por África, con solo una mochila y muy poco dinero. **Fueron** los meses más intensos de mi vida y **aprendí** muchas cosas."

ROSA

"Hace unos años **fui** un verano a Malta con una amiga. Allí conocimos a una compañía de circo y **vivimos** con ellos unos meses. Fue la mejor experiencia de mi vida. Mi amiga después **hizo** un curso en una escuela de circo y ahora es trapecista."

ALBERTO

"El año pasado **estudié** seis meses en una universidad de China. **Fue** una experiencia increíble."

LORENA

"En 1991 **viví** en un barco durante un año con un grupo de amigos. **Estuvimos** tres meses en el mar, sin pisar tierra. Luego, **fuimos** a la Polinesia y visitamos muchas islas. **Aprendimos** muchísimo sobre la cultura polinesia."

LEILA

"Hace unos meses **estuve** en una fiesta... ¡en casa de Shakira y Piqué!"

B. Completa el cuadro con las formas en negrita de la actividad anterior.

VERBOS REGULARES			VERBOS IRREGULARES		
-AR ESTUDIAR	**-ER** APRENDER	**-IR** VIVIR	**IR / SER**	**ESTAR**	**HACER**
....	....	....	....	....	....
estudiaste	aprendiste	viviste	fuiste	estuviste	hiciste
estudió	aprendió	vivió	....	estuvo	....
estudiamos	....	....	....	....	hicimos
estudiasteis	aprendisteis	vivisteis	fuisteis	estuvisteis	hicisteis
estudiaron	aprendieron	vivieron	....	estuvieron	hicieron

C. ¿Qué dos conjugaciones tienen las mismas terminaciones en pretérito indefinido?

D. En dos casos, la forma es la misma que en presente de indicativo. ¿Cuáles?

E. ¿Conoces a gente con experiencias interesantes? Escribe algunas frases y luego léeselas a un compañero.

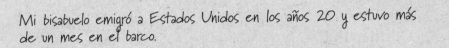
Mi bisabuelo emigró a Estados Unidos en los años 20 y estuvo más de un mes en el barco.

5. AYER, HACE UN MES

A. Lee estas frases y marca con qué información coincides.
Luego, coméntalo con un compañero.

- Fui al cine la semana pasada.
- Ayer hice los deberes.
- Estuve en América Latina en junio.
- Anoche me acosté tarde.
- Viví en Rusia del 97 al 99.
- El lunes cobré el sueldo del mes.
- Me casé hace dos años.
- Empecé a estudiar español el año pasado.

- He ido al cine esta semana.
- Últimamente no he hecho los deberes.
- No he estado nunca en América Latina.
- Hoy me he levantado pronto.
- He vivido en Rusia.
- Todavía no he cobrado el sueldo de este mes.
- Me he casado dos veces.
- He empezado a estudiar español este año.

B. Marca en las frases anteriores las formas verbales en
pretérito perfecto y en pretérito indefinido. Luego, escribe en el
cuadro los marcadores temporales que se usan con cada uno.

PRETÉRITO INDEFINIDO	PRETÉRITO PERFECTO
La semana pasada	Esta semana

6. UN CURRÍCULUM ⊕ P. 140, EJ. 11; P. 141, EJ. 12

A. Lee el currículum de Nieves y completa las frases.

DATOS PERSONALES
Nombre: Nieves
Apellidos: Ruiz Camacho
DNI: 20122810W
Lugar y fecha de nacimiento: Salamanca, 12/06/1985

FORMACIÓN ACADÉMICA
2003 - 2007: Universidad de Salamanca. Grado en Lengua y literatura inglesas.
2006 - 2007: Estudiante Erasmus en Anglia University, Cambridge.
2008 - 2009: Universidad de París-Cluny (Francia). Máster en Traducción.

EXPERIENCIA PROFESIONAL
2006 - 2007: Camarera en The King's Pub (Gran Bretaña).
2008 - 2009: Profesora de español en París.
2010 - 2011: Traductora en la Editorial Barcana, Barcelona.
2012 - actualidad: Traductora en la ONU, Ginebra (Suiza).

IDIOMAS
Español: lengua materna.
Inglés: nivel avanzado (C2), oral y escrito.
Francés: nivel avanzado (C2), oral y escrito.
Alemán: nociones básicas (A1).

OTROS DATOS DE INTERÉS
Amplios conocimientos de informática y dominio de programas de edición.
Disponibilidad para viajar.

1. Estudió en la Universidad de Salamanca **de** ....
   a ....
2. Llegó a Cambridge en 2006 y **al** .... **siguiente**
   volvió a Salamanca.
3. Trabajó como profesora de español **durante**
   .... años.
4. Empezó la carrera en 2003 y .... años **después**
   la terminó.
5. Terminó un máster en Traducción **hace** .... años.
6. Trabajó como traductora en una editorial de Barcelona
   hasta ....
7. Trabaja como traductora de la ONU **desde** ....

B. ¿Entiendes las palabras marcadas en
negrita? Tradúcelas a tu lengua.

7. UNA HISTORIA DE AMOR

A. Completa esta historia con las expresiones que faltan.

| un mes más tarde | una semana después | poco tiempo después | durante ese tiempo | en 2012 |

03/05/2010

10/05/2010

10/06/2010

El 3 de mayo de 2010 Álex conoció a Rosa en una discoteca. Se enamoraron a primera vista.

..............................., la llamó y quedaron, fueron al cine y cenaron juntos.

Empezaron a salir y ...., pasaron un fin de semana en la playa y decidieron irse a vivir juntos.

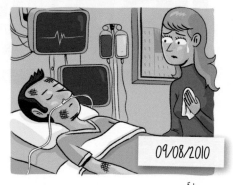

09/08/2010

2010-2012

ENERO 2012

..............................., Álex tuvo un accidente y pasó dos años en coma en un hospital.

..............................., en el hospital, Rosa se hizo muy amiga del doctor Urquijo, el médico de Álex.

..............................., Álex se despertó. Vio a Beatriz, una amiga de Rosa, y se enamoró de ella.

B. ¿Qué pasó después? En parejas, escribid el final de la historia.

10/06/2013

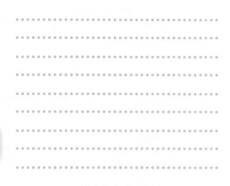

2014

PRETÉRITO INDEFINIDO ⊕ P. 139, EJ. 5; P. 140, EJ. 8; P. 142, EJ. 14

El pretérito indefinido sirve para hablar de acciones pasadas. Al contrario de lo que pasa con el pretérito perfecto, usamos el pretérito indefinido para hablar de momentos no relacionados con el presente.

VERBOS REGULARES

	-AR CAMBIAR	**-ER** NACER	**-IR** ESCRIBIR
(yo)	cambi**é**	nac**í**	escrib**í**
(tú)	cambi**aste**	nac**iste**	escrib**iste**
(él/ella/usted)	cambi**ó**	nac**ió**	escrib**ió**
(nosotros/nosotras)	cambi**amos***	nac**imos**	escrib**imos***
(vosotros/vosotras)	cambi**asteis**	nac**isteis**	escrib**isteis**
(ellos/ellas/ustedes)	cambi**aron**	nac**ieron**	escrib**ieron**

Cambié de trabajo hace dos años.

* Estas formas son las mismas que las del presente de indicativo.

VERBOS IRREGULARES

	ESTAR	
(yo)	estuv–	**e**
(tú)	estuv–	**iste**
(él/ella/usted)	estuv–	**o**
(nosotros/nosotras)	estuv–	**imos**
(vosotros/vosotras)	estuv–	**isteis**
(ellos/ellas/ustedes)	estuv–	**ieron**

Ayer *estuve* en casa de Roberto.

Todos los verbos que tienen la raíz irregular en pretérito indefinido tienen las mismas terminaciones que el verbo **estar**.

tener → **tuv-**	poner → **pus-**	poder → **pud-**	saber → **sup-**
hacer → **hic*-**	querer → **quis-**	venir → **vin-**	decir → **dij**-**

! * él/ella/usted **hizo**
** ellos/ellas/ustedes **dijeron** ~~dijieron~~

Los verbos **ir** y **ser** tienen la misma forma en pretérito indefinido.

	IR / SER
(yo)	**fui**
(tú)	**fuiste**
(él/ella/usted)	**fue**
(nosotros/nosotras)	**fuimos**
(vosotros/vosotras)	**fuisteis**
(ellos/ellas/ustedes)	**fueron**

Fui al cine la semana pasada.
La película *fue* un gran éxito.

MARCADORES TEMPORALES PARA HABLAR DEL PASADO ⊕ P. 140, EJ. 9

Los siguientes marcadores temporales se usan normalmente con el pretérito indefinido.

el martes / año / mes / siglo **pasado**
la semana pasada
hace un año / dos meses / tres semanas / cuatro días...
el lunes / martes / miércoles / 8 de diciembre...
en mayo / 1998 / Navidad / verano...
ayer / **anteayer** / **anoche**
el otro día

- ¿Llegaste a Madrid **ayer**?
- No, **la semana pasada**.

- ¿En qué año te casaste?
- **En** 1998.

EMPEZAR A + INFINITIVO

(yo)	**empecé**	
(tú)	**empezaste**	
(él/ella/usted)	**empezó**	
(nosotros/nosotras)	**empezamos**	a estudiar
(vosotros/vosotras)	**empezasteis**	
(ellos/ellas/ustedes)	**empezaron**	

Empecé a estudiar en una multinacional hace dos años.

RELACIONAR ACONTECIMIENTOS DEL PASADO

*Se casaron en 1997 y **tres años después / más tarde** se divorciaron.*
*Acabó el curso en julio y **al mes siguiente** encontró trabajo.*

HABLAR DE LA DURACIÓN (II)

*Vivo en Santander **desde** febrero / **desde hace** unos meses.*
*Estuve en casa de Alfredo **hasta** las seis de la tarde.*
*Trabajé en un periódico **de** 1996 **a** 1998. (= **del** 96 **al** 98)*
*Trabajé como periodista **durante** dos años.*

IR / IRSE ⊕ P. 143, EJ. 19

*El domingo **fui** a una exposición muy interesante.*
*Llegó a las dos y, media hora más tarde, **se fue***.

 * **Irse** = abandonar un lugar

8. EL "CHE" ⊕ P. 141, EJ. 13

A. Ernesto Guevara es una de las figuras más conocidas del mundo hispano. ¿Sabes algo de su vida? En parejas, comentad cuáles de estas cosas creéis que son verdad.

- Nació en Cuba.
- Estudió Medicina y trabajó como médico.
- Conoció a Fidel Castro en México.
- No aceptó nunca cargos políticos en el gobierno de Castro.
- Participó en movimientos revolucionarios de diferentes países de América Latina y África.
- Murió a los 60 años en un accidente de tráfico.
- En 2004, el actor Gael García Bernal protagonizó una película sobre su juventud.

> • ¿Tú crees que nació en Cuba?
> ○ No sé, no estoy muy segura, pero...

B. Lee ahora esta biografía del "Che" Guevara y comprueba tus hipótesis.

El Che Guevara

Ernesto Guevara, conocido en todo el mundo como "Che" Guevara o "El Che" nació en Rosario, Argentina, en 1928. A los 9 años se trasladó con su familia a Buenos Aires y unos años después se fue a vivir a Alta Gracia (cerca de Córdoba). En 1952 hizo un viaje por América Latina en el que recorrió Chile, Bolivia, Perú y Colombia. El contacto directo con la difícil realidad social de la zona fue una experiencia determinante para sus ideas revolucionarias. La película *Diarios de motocicleta*, protagonizada por el actor mexicano Gael García Bernal en 2004, narra ese viaje.

En 1953, cuando terminó sus estudios de Medicina, se fue de Argentina para dirigirse a Centroamérica, donde apoyó los movimientos revolucionarios de Guatemala y Costa Rica.

En 1955 trabajó de médico en México y allí conoció a Fidel Castro. A partir de ese momento y durante diez años, la vida del "Che" estuvo totalmente dedicada a Cuba: participó en la Revolución, obtuvo la nacionalidad cubana, fue comandante del ejército y fue dos veces ministro.

En 1965 abandonó su trabajo en Cuba y se dedicó de nuevo a la lucha activa, primero en África y luego en Sudamérica. Murió en Bolivia en 1967, asesinado por el ejército boliviano. Está enterrado en Cuba, país que lo ha considerado siempre un héroe nacional.

Película *Diarios de motocicleta*

Che Guevara en Cuba

C. En parejas, elegid una etapa de la vida del "Che" Guevara y buscad más información sobre lo que hizo en ese periodo. Luego, presentad al resto de la clase lo que habéis encontrado. Entre todos podéis ampliar su biografía.

D. Elige a un personaje de la historia de tu país y haz una breve presentación en clase.

9. TODA UNA VIDA

A. Verónica es un chica argentina que vive en España. Escucha lo que cuenta sobre su vida. ¿Qué hizo en cada uno de estos lugares? Toma notas en tu cuaderno.

04

- Argentina (1985 - 2008)
- México (2008 - 2009)
- Londres (2009)
- España (2009 - 2013)

B. Escribe los nombres de los tres lugares más importantes de tu vida y, luego, explícale a un compañero por qué son importantes para ti.

> • Los tres lugares más importantes de mi vida son París, porque es donde nací, Londres, porque es donde conocí a mi mujer, y...

10. LA BIOGRAFÍA DE SANDRO + P. 143, EJ. 17-18

A. Estamos en el año 2045 y tienes que escribir la biografía de un compañero. Primero, tienes que hacerle preguntas sobre su pasado y también sobre los proyectos que tiene.

> • ¿Cuándo naciste?
> o En 1990.
> • ¿Cuándo terminaste tus estudios?
> o En 2012.
> • ¿Cuál es tu trabajo ideal?
> o Fotógrafo de famosos.
> • ¿Quieres tener hijos?

PEL **B.** Ahora vas a escribir la biografía de tu compañero. Ten en cuenta que en los próximos años puede haber muchos cambios (políticos, tecnológicos, sociales, etc.).

C. Lee la biografía a los demás. Puedes acompañar tu presentación con una historia ilustrada de su vida.

> Sandro nació en Hamburgo en 1990. Terminó sus estudios de Periodismo en 2012. Después estudió Fotografía y en 2018 empezó a trabajar para Vanity Fair como fotógrafo.
> En 2020 conoció a Kirsten Stewart en una fiesta en casa de Lady Gaga. Se enamoraron y un año después tuvieron un hijo.

11. UNA NUEVA GENERACIÓN DE ACTORES Y ACTRICES

A. ¿Conoces a alguno de estos actores? Lee los textos y comenta con tus compañeros qué tienen en común.

LAS NUEVAS CARAS DEL CINE ESPAÑOL

Jóvenes, famosos y con una vida profesional prometedora. Estos son algunos de los actores y actrices que, en los últimos años, han renovado la escena cinematográfica española.

Nació en 1988, en Madrid.
Empezó a trabajar como actriz en 2007, en la película *Eskalofrío*.
Se hizo famosa por su papel de Julia en la serie *El internado* y por la película *La piel que habito* (2011), de Pedro Almodóvar, en la que interpreta a la hija de Antonio Banderas. Por ese trabajo fue nominada al Goya como Mejor actriz revelación.
Ha hecho películas como *Los Pelayos* (2012) o *Los amantes pasajeros* (2013).

QUIM GUTIÉRREZ

BLANCA SUÁREZ

MARIO CASAS

Nació en 1981, en Barcelona.
Empezó a trabajar como actor a los 12 años, en una serie de TV3, la televisión catalana.
Se hizo famoso cuando ganó en 2007 el Goya al Mejor actor revelación por la película *AzulOscuroCasiNegro*.
Ha hecho películas como *Primos* (2011), *La cara oculta* (2011), un thriller psicológico que protagoniza con Clara Lago, o *Los últimos días* (2013), en la que actúa con los actores José Coronado y Marta Etura.

Nació en La Coruña, en 1986.
Empezó a trabajar como actor en la película *El camino de los ingleses* (2004).
Se hizo famoso por su papel de Aitor en la serie *Los hombres de Paco*.
Ha hecho películas muy taquilleras, como *Fuga de cerebros* (2009), *Mentiras y Gordas* (2009), *Tres metros sobre el cielo* (2010) o *Tengo ganas de ti* (2012). También tiene un papel protagonista en la película policíaca *Grupo 7* (2012).

B. En grupos, elegid a uno de estos actores y buscad más información sobre su vida. Luego, mirad en internet fragmentos de las películas o series en las que ha trabajado. Preparad una exposición para la clase.

C. ¿Hay una nueva generación de actores y actrices en tu país? Elige dos y escribe un pequeño texto como los que tienes de modelo.

> Nació en...
>
> Empezó a trabajar...
>
> Se hizo famoso/-a...
>
> Ha hecho películas...

Nació en 1990, en Madrid.
Empezó a trabajar como actriz de pequeña, en series como *Manos a la obra* o *Compañeros*.
Se hizo famosa en 2002, cuando a los 12 años interpretó el papel de Carol en *El viaje de Carol*, una película del director Imanol Uribe sobre la Guerra Civil Española. Por esa película estuvo nominada al Goya como Mejor actriz revelación.
Ha hecho películas como *El mal ajeno* (2010), producida por Alejandro Amenábar, *Primos* (2011), *La cara oculta* (2011) o *Tengo ganas de ti* (2012).

CLARA LAGO

▶ VÍDEO

⊞ EN CONSTRUCCIÓN

¿Qué te llevas de esta unidad?

Lo más importante para mí:

....

....

Palabras y expresiones:

....

....

Algo interesante sobre la cultura hispana:

....

....

Quiero saber más sobre...

....

....

3 HOGAR, DULCE HOGAR

→ EMPEZAR

1. VIVIENDAS

A. Mira estos anuncios de viviendas. ¿Qué casa te gusta más? ¿Por qué?

- El chalé
- La casa de campo
- La casa en el pueblo
- El piso
- La casa adosada
- El estudio

> - A mí la que más me gusta es el chalé en Empuriabrava, porque es muy grande.
> - Pues yo prefiero el estudio porque...

B. ¿En qué tipo de casa vives ahora? ¿Has vivido en otro tipo de casa alguna vez?

> - Yo ahora vivo en un piso compartido. Pero viví en una casa varios años.
> - Yo siempre he vivido en una casa.

Se alquila habitación en un piso compartido en Palma de Mallorca. Precio: 250 euros al mes.

Se alquila casa de campo en Altea (Alicante). 80 m². Precio: 900 euros al mes.

EN ESTA UNIDAD VAMOS A
AMUEBLAR UNA CASA Y DISEÑAR UNA VIVIENDA

RECURSOS COMUNICATIVOS

- expresar gustos y preferencias
- describir una casa
- comparar
- expresar coincidencia
- ubicar objetos en el espacio
- describir objetos

RECURSOS GRAMATICALES

- comparativos
- preposiciones: **sin**, **con**, **debajo**, **encima**, **detrás**, **delante**, etc.
- pronombres posesivos: **el mío / la mía**, **el tuyo / la tuya**, **el suyo / la suya**
- usos de **ser** y **estar**
- verbos **gustar**, **encantar** y **preferir**

RECURSOS LÉXICOS

- tipos de vivienda
- partes de una vivienda
- adjetivos para describir una vivienda
- formas, estilos y materiales

Se vende casa en Almagro (Ciudad Real). 150 m². Precio: 60 000 euros.

Se alquila chalé en Empuriabrava (Girona). 300 m². Precio: 3000 euros al mes.

Se vende estudio en Barcelona capital. 40 m². Precio: 180 000 euros

Se vende casa adosada en Peligros (Granada). 270 m². Precio: 250 000 euros.

COMPRENDER

2. PROMOCIONES INMOBILIARIAS ⊕ P. 144, EJ. 1-2

A. En un portal inmobiliario aparecen estos anuncios de pisos y casas de alquiler.
Lee el anuncio del chalé y observa el plano. ¿Identificas algunas partes de la casa?

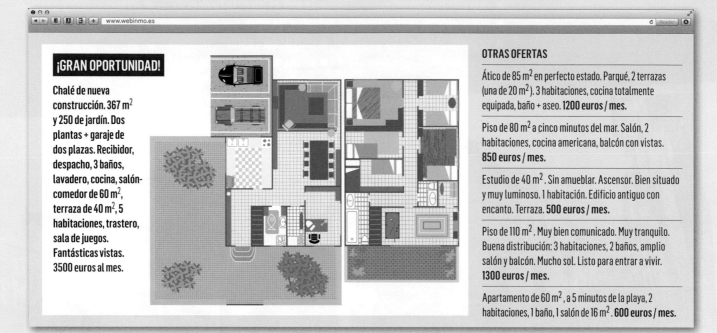

www.webinmo.es

¡GRAN OPORTUNIDAD!

Chalé de nueva construcción. 367 m^2 y 250 de jardín. Dos plantas + garaje de dos plazas. Recibidor, despacho, 3 baños, lavadero, cocina, salón-comedor de 60 m^2, terraza de 40 m^2, 5 habitaciones, trastero, sala de juegos. Fantásticas vistas. **3500 euros al mes.**

OTRAS OFERTAS

Ático de 85 m^2 en perfecto estado. Parqué, 2 terrazas (una de 20 m^2). 3 habitaciones, cocina totalmente equipada, baño + aseo. **1200 euros / mes.**

Piso de 80 m^2 a cinco minutos del mar. Salón, 2 habitaciones, cocina americana, balcón con vistas. **850 euros / mes.**

Estudio de 40 m^2. Sin amueblar. Ascensor. Bien situado y muy luminoso. 1 habitación. Edificio antiguo con encanto. Terraza. **500 euros / mes.**

Piso de 110 m^2. Muy bien comunicado. Muy tranquilo. Buena distribución: 3 habitaciones, 2 baños, amplio salón y balcón. Mucho sol. Listo para entrar a vivir. **1300 euros / mes.**

Apartamento de 60 m^2, a 5 minutos de la playa, 2 habitaciones, 1 baño, 1 salón de 16 m^2. **600 euros / mes.**

B. Lee las otras ofertas. Luego, lee los datos de estas personas. ¿Cuál de las viviendas puede ser más adecuada para cada uno? Coméntalo con un compañero.

ÁLVARO PÉREZ (43) Y LAURA CAPDEVILA (40)
Álvaro es director de una empresa multinacional. Laura es pediatra y tiene la consulta en su domicilio. Tienen dos niños (de 6 y 4 años) y les gusta ir en bici, jugar al tenis y pasear. Tienen un nivel adquisitivo alto.

MIGUEL RUIZ (37) Y CARLA DOMÍNGUEZ (39)
Miguel es músico y Carla es profesora de inglés en un instituto. Tienen un hijo de 2 años y un perro. Les gusta ir al cine, ir a museos y a conciertos. A Mila le gusta mucho nadar. Tienen un nivel adquisitivo medio.

RAÚL TORRES (23)
Es repartidor de pizzas a domicilio. Tiene dos perros y un gato. Le gusta pescar y jugar al baloncesto. Tiene un nivel adquisitivo medio-bajo.

- Yo creo que Álvaro y Laura pueden alquilar el ático.
- No sé, tienen dos hijos y...

 C. En parejas, buscad en un portal inmobiliario una casa o un piso en una ciudad española. Mostradles las fotos a los compañeros y explicadles por qué os gusta.

3. INTERIORISMO ⊕ P. 144, EJ. 3; P. 148, EJ. 14

A. En una revista de interiorismo aparece este salón. ¿Qué te parece? Coméntalo con un compañero.

1. Sillón de madera
2. Sofá de tela beis de dos plazas
3. Cojín de varios colores, estilo indio
4. Mesa de centro de mármol
5. Alfombra de fibra vegetal
6. Lámpara negra de pie estilo Berlín
7. Jarrón blanco de cerámica
8. Estantería de madera de roble
9. Cuadro azteca

| acogedor | frío | luminoso |
| oscuro | moderno | clásico |

> • A mí me gusta mucho. Es muy moderno.
> ○ A mí no, me parece muy frío...

B. Ahora fijaos en los muebles y en la decoración. ¿Qué os gusta? ¿Qué no?

> • A mí me gusta mucho la lámpara.
> ○ Sí, es bonita. Pero no me gusta el cuadro.

C. Marta y Sebas hablan sobre este salón. Anota lo que dicen.

	Marta	Sebas
El salón le parece...		
Qué le gusta		
Qué no le gusta		

4. LA LÁMPARA ESTÁ AL LADO DE LA TELEVISIÓN ➕ P. 145, EJ. 4

A. Fíjate en estos dos salones y luego lee las descripciones.
¿A qué salón se refiere cada frase?

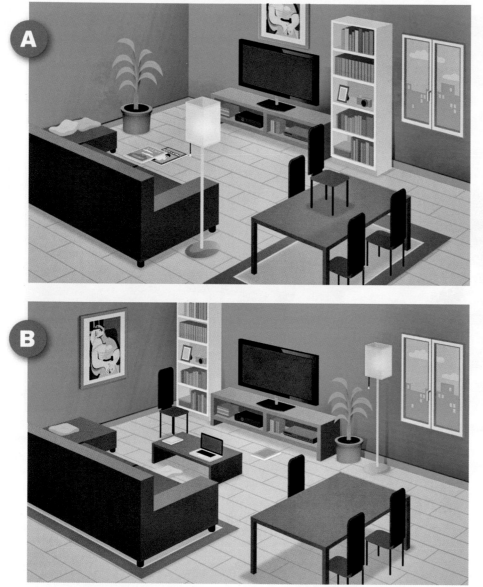

		A	B
1.	Hay una silla **encima de** la mesa.		
2.	La lámpara está **a la derecha del** sofá.		
3.	Hay una alfombra **debajo del** sofá.		
4.	La lámpara está **al lado de** la ventana.		
5.	**Entre** la ventana y la televisión hay una estantería.		
6.	Hay un cuadro en la pared, **detrás de** la televisión.		
7.	**En el centro del** salón hay una mesa de centro con un libro.		
8.	La estantería está **a la izquierda de** la televisión.		
9.	Hay un libro en el suelo, **delante de** la televisión.		

B. Completa las frases con algunas de las palabras en negrita de la actividad anterior.

En el salón A...
- Hay dos cojines .... el sofá.
- Hay revistas en el suelo, ... el sofá.
- .... la mesa hay una alfombra.

En el salón B...
- Hay una silla .... la mesa de centro.
- Hay una planta .... la lámpara y la televisión.
- Hay un ordenador en la mesa de centro, ... el libro.

5. LA CASA DE JULIÁN ⊕ P. 145, EJ. 6; P. 149, EJ. 17

A. Julián habla con Sara de su nueva casa. Escucha y completa las frases.

06

	es ....
	está ....
La casa de Julián...	tiene ....
	da a ....

B. Observa estos fragmentos de la conversación y completa el cuadro.

1
- Está en el centro histórico de la ciudad, en una zona muy bonita.
- Ajá... **El mío** es más grande, tiene unos 70 metros cuadrados, pero no está en el centro, está en las afueras de la ciudad...

2
- Sí, y tiene una terraza de 15 metros cuadrados.
- ¿Ah sí? Yo también tengo terraza, pero **la mía** es un poco más pequeña.

3
- Mi piso da a una calle peatonal y a un mercado, así que es bastante ruidoso...
- Ah...
- **El tuyo** sí que es tranquilo, ¿no?

POSESIVOS TÓNICOS				
mi terraza	➜	....	mi piso	➜ ....
tu terraza	➜	**la tuya**	tu piso	➜ ....
su terraza	➜	**la suya**	su piso	➜ **el suyo**

C. ¿Cómo es tu casa? Explícaselo a un compañero y comparad las dos viviendas.

- *Yo vivo en una casa que da al mar. No es muy grande, pero es muy luminosa y tiene unas vistas preciosas...*
- *Pues la mía...*

PARA COMUNICAR

Vivo en un piso / una casa / un estudio...
Está en el centro / las afueras...
Tiene tres habitaciones / una cocina / 60 metros cuadrados...
Da a una calle / un parque...
Da al mar / campo...

6. ESPAÑOLES EN EL EXTRANJERO ⊕ P. 145, EJ. 5

A. Lee este foro de españoles que buscan piso en el extranjero.
¿Los aspectos que comentan son parecidos en tu ciudad o país?

**¿Eres español y quieres vivir en el extranjero?
¿Necesitas consejos para encontrar piso?
Escribe tus preguntas en este foro.**

Elena: Hola. Me voy de Erasmus a Toulouse. ¿Alguien vive allí? ¿Qué me recomendáis: un piso o una residencia de estudiantes?

Comentarios (3)

Álex: Hola, Elena. Toulouse es una ciudad de estudiantes y es fácil encontrar piso. Además, los alquileres no son **tan** caros **como** en las grandes ciudades de España y hay ayudas para estudiantes.

Inma: Sí, pero una residencia universitaria es también una buena opción. Es **más** barato **que** un piso y te diviertes **más** porque conoces a **más** gente. No tienes **tanto** espacio **como** en un piso, pero las habitaciones no están mal… ¡Yo te lo recomiendo!

Nadia: Los estudiantes en Francia tienen **más** ayudas **que** en España y no gastan **tanto** en cosas como la comida, por ejemplo, porque comer en los restaurantes universitarios es muy barato.

Laia: He encontrado un trabajo en Bruselas. Me voy el mes que viene y busco piso. ¿Qué tengo que saber?

Comentarios (3)

Diego: Hola Laia. En Bruselas, la electricidad y el agua nunca están incluidas en el alquiler. Y piensa que en España hay **menos** meses de frío **que** aquí… O sea, que aquí la calefacción sale más cara…

Raquel: ¡Hola Laia, bienvenida! En Bruselas no hay **tantos** pisos amueblados **como** en España. De hecho, muchos no están amueblados. La mayoría son **más** grandes **que** en España, pero no tienen **tantas** habitaciones. Eso sí, tienen un salón enorme. Y como aquí no hay **tanta** luz **como** allá, no hay persianas. A mí todavía me cuesta dormir bien…

Gerardo: Te recomiendo buscar piso en Schaerbeek o Molenbeek. Son **menos** conocidos **que** otros barrios, pero tienen mucho encanto. Además, no están lejos del centro y los alquileres cuestan **menos que** en otras zonas.

> • *En mi país los estudiantes que pagan un alquiler también reciben ayudas del Gobierno.*

B. Observa las estructuras que están marcadas en negrita en los textos.
Todas sirven para comparar. Clasifícalas en el cuadro.

	Comparar adjetivos	**Comparar nombres**	**Comparar verbos**
Superioridad	**Más** + adjetivo (+ **que**) *Más barato que…*	**Más** + nombre (+ **que**)	Verbo + **más** (**que**)
Inferioridad	**Menos** + adjetivo (+ **que**)	**Menos** + nombre (+ **que**)	Verbo + **menos** (**que**)
	No + **tan** + adjetivo (+ **como**)	**No** + **tanto/a/os/as** + nombre (+ **como**)	**No** + verbo + **tanto** (**como**)

C. Escribe frases comparando las casas de tu ciudad con las de otro lugar que conoces.

> *En Londres hay más casas con jardín que en mi ciudad.*

EXPRESAR GUSTOS

GUSTAR / ENCANTAR		
(A mí) (A ti) (A él/ella/usted) (A nosotros/-as) (A vosotros/-as) (A ellos/ellas/ustedes)	me te le nos os les	gusta encanta	esta casa. (NOMBRES EN SINGULAR) comer. (VERBOS EN INFINITIVO)
		gusta**n** encanta**n**	estos muebles. (NOMBRES EN PLURAL)

PREFERIR		
(yo) (tú) (él/ella/usted) (nosotros/-as) (vosotros/-as) (ellos/ellas/ustedes)	pref**ie**ro pref**ie**res pref**ie**re preferimos preferís pref**ie**ren	este sofá / estas sillas. (NOMBRES) vivir sola / tener jardín. (VERBOS EN INFINITIVO)

EXPRESAR COINCIDENCIA

Tenemos	los mismos gustos. gustos (muy) parecidos. gustos (muy) diferentes.

MATERIAL

una silla / mesa **de**	madera / metal / cristal / mármol / plástico / hierro / cartón / tela / mimbre / papel / piedra…
un armario metálico / una mesa metálica	

- ● ¿**De qué es** esta silla?
- ○ **De** aluminio.

UBICAR

debajo (de)   encima (de)   detrás (de)   delante (de)   entre

a la derecha (de)   a la izquierda (de)   al lado (de)   en el centro (de)

*No es bueno poner la cama **debajo de** una ventana.*
*¿Te gusta el sofá aquí, **entre** los dos sillones?*

 Recuerda: **de** + **el** = **del**.

SIN / CON / DE / PARA ⊕ P. 149, EJ. 15

una casa	**con** / **sin** vistas / jardín / piscina… (NOMBRE) **de** madera / piedra / ladrillo… (NOMBRE) **para** vivir / ir de vacaciones… (INFINITIVO) **para** las vacaciones / los fines de semana (NOMBRE)

COMPARAR

SUPERIORIDAD

CON NOMBRES	Madrid tiene **más** parques **que** Barcelona.
CON ADJETIVOS	Madrid es **más** grande **que** Barcelona.
CON VERBOS	En Madrid la gente sale **más que** en Barcelona.

 Formas especiales: más bueno/-a → **mejor**
más malo/-a → **peor**

IGUALDAD

CON NOMBRES

Esta casa tiene	**tanto** espacio **tanta** luz **tantos** balcones **tantas** habitaciones	**como** la otra.

CON ADJETIVOS
*Aquí las casas son **tan** caras **como** en mi ciudad.*

CON VERBOS
*Aquí la gente sale **tanto como** en España.*

INFERIORIDAD

CON NOMBRES
*Mi casa tiene **menos** balcones **que** esta.*

Esta casa no tiene	**tanto** espacio **tanta** luz **tantos** balcones **tantas** habitaciones	**como** la otra.

CON ADJETIVOS
*Esta casa es **menos** luminosa **que** la otra.*
*Aquí las casas no son **tan** caras **como** en mi ciudad.*

CON VERBOS
*Aquí la gente sale **menos que** en España.*
*Aquí la gente **no** sale **tanto como** en España.*

7. COSAS IMPRESCINDIBLES
P. 146, EJ. 7-9; 148, EJ. 12-13

 A. En parejas, os vais a instalar en una casa nueva. ¿Qué cosas consideráis imprescindibles para vivir? Elegid cinco entre las siguientes y luego pensad o buscad en internet otras tres. Tenéis un presupuesto de 1500 euros.

- Para mí, lo más imprescindible es el frigorífico.
- Sí, y también la cama, ¿no?
- Sí, claro, eso también es importante.

B. Este es el plano de vuestra casa. ¿Dónde colocáis cada mueble?

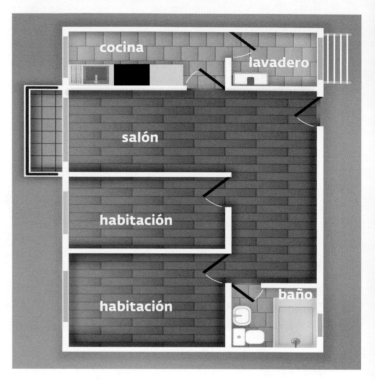

PARA COMUNICAR

¿**Y si** ponemos la lavadora **en la cocina / en el baño**?
¿**Qué te parece si** colocamos la lavadora **en / al lado de / a la derecha de**...?
¿**Por qué no** ponemos la lavadora **aquí**?

- ¿Ponemos la lavadora en el baño?
- No, mejor en la cocina, ¿no?

C. Ahora, explicad al resto de la clase qué muebles y electrodomésticos habéis elegido y dónde los habéis colocado.

- Para nosotros, las cosas imprescindibles son...

- El frigorífico, lo ponemos en la cocina, al lado de...

8. MI LUGAR FAVORITO

A. Estas personas nos hablan de su lugar favorito de su casa. Escucha y completa el cuadro.

07-10

Nombre	Lugar favorito	Actividades
Jorge		
Fiona		
Pedro		
Carolina		

B. ¿Cuál es tu lugar favorito de tu casa? ¿Por qué? Coméntalo con tu compañero.

- Mi lugar favorito es la cocina, porque me encanta cocinar.
- Pues el mío es el balcón, porque me encanta ver pasar a la gente.

C. ¿En qué lugar de la casa haces cada una de estas actividades? Escríbelo, y luego coméntalo con tu compañero.

- estudiar
- escuchar música
- vestirte
- leer
- usar el ordenador
- estar con tus amigos
- hacer los deberes
- ver la televisión
- maquillarte / afeitarte
- reunirte con la familia
- echar la siesta
- desayunar

- Yo normalmente estudio en mi habitación. ¿Y tú?
- Depende. A veces en mi habitación y a veces en el salón.

9. LA CASA IDEAL

A. En parejas, vais a diseñar viviendas para un grupo de personas. Elegid uno de estos.

- jubilados
- estudiantes
- familias numerosas
- artistas
- profesionales (maestros, policías, médicos, etc.)
- otros

B. Decidid cuáles pueden ser las características de una vivienda ideal para este tipo de público.

PARA COMUNICAR

Ser céntrica / no muy cara / espaciosa...
un chalé / un ático...
Estar en el centro de la ciudad / en la sierra...
Tener mucho espacio / hospitales cerca...

- Yo creo que una vivienda para estudiantes tiene que ser céntrica y estar bien comunicada.
- Sí, y tener restaurantes y tiendas cerca.
- Y sobre todo tiene que ser barata.

 C. Preparad una presentación para vuestros compañeros. Podéis acompañarla con fotos o dibujos.

Tipo de público
Dónde están situadas las viviendas
Precio
Características de las viviendas

 D. Escribid un anuncio publicitario para anunciar vuestro proyecto.

EDIFICIO LA OLA
Estudios económicos. En pleno centro. 35 m². Completamente amueblados. Calefacción y aire acondicionado. Ideales para estudiantes. A un minuto de la biblioteca municipal. Wifi gratis en todo el edificio...

10. CASAS CON HISTORIA

A. ¿Sabes quiénes son Pablo Neruda, Frida Kahlo y Manuel de Falla? ¿Sabes dónde vivieron?

CASAS ÚNICAS

Nuestra casa es parte de nosotros mismos, la hacemos a nuestra medida y en ella guardamos objetos y recuerdos de momentos vividos. Por eso algunas casas donde vivieron personas conocidas se convierten en lugares de interés histórico. Cuando las visitamos, nos podemos imaginar la vida cotidiana de esas personas y ver sus espacios preferidos o sus objetos más queridos. Estas son las casas de tres artistas hispanos que han pasado a la historia.

Casa museo de Pablo Neruda

Esta fue la casa preferida de Neruda en Chile. En ella escribió parte de su obra literaria y en ella murió. Está en Isla Negra, al lado del mar, y tiene unas vistas espectaculares. Tiene forma de barco y, como los barcos, tiene el techo bajo y es de madera. Pablo Neruda le compró la casa en 1937 a un marinero español y después la amplió. La parte original es de piedra y la otra, de madera.

La casa azul

En esta casa nació, vivió y murió la pintora mexicana Frida Kahlo. Se encuentra en Coyoacán, uno de los barrios más antiguos de Ciudad de México. Cuenta con más de 800 m^2 y está pintada de azul por dentro y por fuera. Tiene grandes ventanales y en el centro hay un bonito jardín. Además de Frida Kahlo, allí vivió Diego Rivera (pintor y marido de Frida). Actualmente es uno de los museos más visitados de México y tiene una colección importante de cuadros de los dos pintores.

Hay muchas otras casas museo en países de habla hispana.

Casa museo de Dalí (Port Lligat, España)
Casa museo de Che Guevara (Alta Gracia, Argentina)
Casa museo Simón Bolívar (Caracas, Venezuela)
Casa museo Sorolla (Madrid, España)

Casa natal de Cervantes (Alcalá de Henares, España)
Casa museo Horacio Quiroga (San Ignacio, Argentina)
Casa museo Antonio Machado (Segovia, España)
Casa museo Carlos Gardel (Buenos Aires, Argentina)

B. Ahora lee el reportaje. ¿Cuál de las casas te gustaría visitar? ¿Por qué?

C. En parejas, elegid una de las casas de la lista u otra que conocéis y buscad imágenes en internet. Luego presentadla a vuestros compañeros y mostradles las fotos.

D. Piensa en una casa en la que has vivido y que es especial para ti. Cuenta a tus compañeros cómo es y por qué te gusta.

Casa museo Manuel de Falla

El compositor Manuel de Falla vivió en esta casa de 1922 a 1939, año en el que se exilió en Argentina. Es un típico carmen de Granada: una casa blanca, de piedra, con ventanas azules y jardín. Tiene unas vistas preciosas de Granada. En la planta baja hay una cocina y un salón, y en la parte de arriba están las habitaciones y la sala del piano. Después de marcharse a Argentina, Falla no volvió nunca a esta casa, pero el ayuntamiento de Granada la ha rehabilitado y la ha convertido en un museo en el que se pueden ver los objetos personales (libros, partituras, cuadros) y muebles que Falla dejó.

⊙ VÍDEO

⊞ EN CONSTRUCCIÓN

¿Qué te llevas de esta unidad?

Lo más importante para mí:

Palabras y expresiones:

Algo interesante sobre la cultura hispana:

Quiero saber más sobre...

4 ¿CÓMO VA TODO?

→ EMPEZAR

1. UN DOMINGO EN LA PLAZA

A. Fíjate en la ilustración. ¿Quién está haciendo cada una de estas cosas?

- Están pidiendo en un bar.
- Están despidiéndose.
- Está tocando la guitarra.
- Están charlando.
- Están jugando.
- Están comiendo.

B. ¿A qué dos situaciones de la ilustración corresponden estos diálogos?

- • Hola, ¿qué les pongo?
  ○ Una caña, por favor.
  • Para mí un agua con gas.

- • ¡Hasta luego!
  ○ ¡Nos vemos, adiós!

EN ESTA UNIDAD VAMOS A

SIMULAR SITUACIONES DE CONTACTO SOCIAL UTILIZANDO DIFERENTES NIVELES DE FORMALIDAD

RECURSOS COMUNICATIVOS

- desenvolvernos en situaciones muy codificadas: invitaciones, presentaciones, saludos, despedidas
- pedir cosas, acciones y favores
- pedir y conceder permiso
- dar excusas y justificar

RECURSOS GRAMATICALES

- el gerundio (formas regulares e irregulares)
- **estar** + gerundio
- condicional

RECURSOS LÉXICOS

- saludos y despedidas
- verbos de cortesía: **poder**, **importar**, **ayudar**, **poner**
- **dar**, **dejar** y **prestar**

2. SALUDOS Y DESPEDIDAS ⊕ P. 155, EJ. 15-16

A. Lee estas cuatro conversaciones. ¿A qué fotografía corresponde cada una? Márcalo. ¿En cuáles se saludan? ¿En cuáles se despiden?

- Bueno, pues nada, que me tengo que ir, que tengo que hacer la cena todavía... Me alegro mucho de verla...
- Sí, yo también. Venga, pues, adiós. ¡Y recuerdos a su familia!
- Igualmente. ¡Y un abrazo muy fuerte a su hija!
- De su parte. ¡Adiós!
- Adiós.

- Bueno, me voy...
- Vale, pues nos llamamos, ¿no?
- Sí, venga, te llamo.
- ¡Hasta luego!
- ¡Nos vemos!

- Hombre, Manuel, ¡cuánto tiempo sin verlo! ¿Cómo va todo?
- Bien, bien, no me puedo quejar. ¿Y usted cómo está?
- Pues hombre, tirando...
- ¿Y la familia?
- Bien, gracias.

- ¡Hola Susana! ¿Qué tal?
- Bien, muy bien. ¿Y tú? ¿Cómo estás?
- Muy bien también. ¡Cuánto tiempo!
- Pues por lo menos un año..., ¿no?
- Más, creo.

B. ¿Conoces otras formas de saludarse o de despedirse? ¿La gente se saluda de la misma manera en tu país? ¿Qué gestos acompañan a los saludos?

48 | cuarenta y ocho

3. ¿ME PRESTAS 5 EUROS?

A. Observa las ilustraciones. ¿Qué relación crees que tienen estas personas entre ellas? ¿Qué crees que pasa en cada situación?

B. Ahora, escucha las conversaciones y comprueba tus hipótesis. ¿Cuáles de estas cosas hacen los protagonistas en cada una de las situaciones? Márcalo en la tabla.

	1	2	3	4	5	6
pedir un favor						
pedir permiso						
justificarse						
agradecer						
presentar a alguien						
interesarse por la vida de alguien						
pedir algo a un camarero						

11-16

4. ¿QUÉ ESTÁN HACIENDO?

A. ¿A qué frases corresponden estas imágenes?

1. ¿Diga? Sí. **Estoy saliendo** de casa. En cinco minutos estoy allí.
2. **Estás** trabajando demasiado. Necesitas unas vacaciones.
3. Normalmente **voy** al trabajo en moto.
4. **Estoy esperando** a Luis. Llega en el tren de las diez.
5. Pues ahora **estoy saliendo** con Jorge. Es un compañero de la facultad.
6. **Estamos comiendo** un jamón buenísimo. ¿Quieres probarlo?
7. Mi madre **está haciendo** cordero asado.
8. Señores pasajeros, **estamos volando** sobre los Pirineos, a 9000 metros de altitud.
9. ¿En Málaga? Muy bien, es una ciudad maravillosa. **Estamos viviendo** en un apartamento fantástico al lado de la playa.
10. Creo que voy a tener que hacer una dieta para adelgazar. Es que **como** demasiados dulces.

B. Las frases anteriores hacen referencia a acciones relacionadas con el presente, pero con matices diferentes. Fíjate en los verbos resaltados y marca la casilla correspondiente en la tabla.

Las acciones:		
presentan algo que ocurre en el momento exacto en el que hablamos ↓ AHORA	presentan algo como habitual ←|→ AHORA	presentan algo como temporal o no definitivo [←|→] AHORA
1		
2		
3		
4		
5		
6		
7		
8		
9		
10		

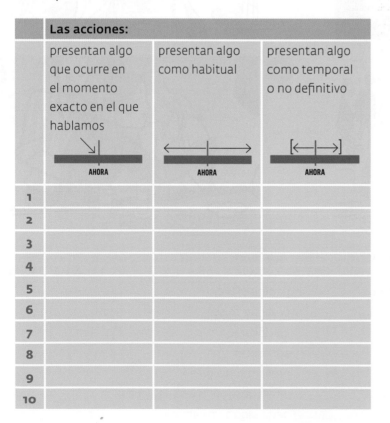

C. En algunas de las frases anteriores encontramos una nueva estructura: **estar** + gerundio. Escribe en tu cuaderno los gerundios que aparecen y, al lado, los infinitivos correspondientes. ¿Cómo se forma el gerundio?

En los verbos acabados en **-ar** el gerundio acaba en ....

En los verbos acabados en **-er** e **-ir** el gerundio acaba en ....

5. ESTÁN CANTANDO P. 151, EJ. 4-5; P. 152, EJ. 6

Esta es una comunidad de vecinos un poco especial. ¿Qué están haciendo en cada vivienda? Escríbelo. Usa las expresiones siguientes.

- leer
- jugar al bingo
- dormir
- escuchar música
- tocar la batería
- cantar
- hacer yoga
- peinar a su gato
- ver la televisión

puerta 1: ....

....

puerta 2: ....

....

puerta 3: ....

....

puerta 4: ....

....

puerta 5: ....

....

puerta 6: ....

....

puerta 7: ....

....

puerta 8: ....

....

puerta 9: ....

....

6. PETICIONES

A. Observa las expresiones marcadas en negrita. ¿Para qué crees que sirven: para pedir permiso (P) o para pedir un favor (F)?

- ¿**Me puede abrir** la puerta?
- Disculpe, ¿**podría abrirme** la puerta?
- ¿**Le importa abrirme** la puerta?
- ¿**Le importa si abro** la puerta?
- ¿**Puedo abrir** la puerta?
- ¿**Me abre** la puerta, por favor?
- ¿**Le importaría abrirme** la puerta, por favor?

B. De las formas anteriores, ¿cuáles crees que son más directas? ¿De qué factores crees que depende escoger una u otra?

EXPLORAR Y REFLEXIONAR

7. ¿ME DEJAS O ME DAS? ⊕ P. 152, EJ. 9

A. Observa estas viñetas. ¿Entiendes cuándo usamos **dejar** y cuándo **dar**?

B. Lee estas frases y marca, en cada caso, en qué situación o con qué intención se dicen.

1. **¿Me das una hoja de papel?**
   - **a.** Pensamos devolverla.
   - **b.** No pensamos devolverla.

2. **¿Me dejas un lápiz?**
   - **a.** Estás comprando en una tienda.
   - **b.** Estás en clase.

3. **¿Me dejas la chaqueta negra de piel?**
   - **a.** La chaqueta es de la otra persona.
   - **b.** La chaqueta es tuya.

8. ES QUE...

A. Lee estos diálogos. ¿Qué crees que significa **es que**? ¿Para qué crees que sirve?

- Oye, ¿quieres ir al cine este sábado?
- **Es que** el sábado voy de excursión con unos amigos. Pero podemos ir el domingo, si quieres.

- Otra vez llegas tarde... ¿Qué ha pasado, te has dormido?
- No... **Es que** he tenido un problema con el autobús. Lo siento mucho.

B. Ahora, responde a estas preguntas con la excusa más original, divertida o surrealista que se te ocurra.

1
- **Tu profesor:** ¿Así que no has hecho los deberes?
- **Tú:**..

2
- **Un amigo íntimo:** ¿Me puedes dejar tu coche?
- **Tú:**..

3
- **Tu madre:** ¿Por qué no viniste a verme ayer?
- **Tú:**..

4
- **Tu jefe:** ¡Has llegado una hora tarde!
- **Tú:**..

5
- **Tu vecino:** ¿Puedes hacer menos ruido, por favor? Son las 12 h.
- **Tú:**..

6
- **Un conocido que no te cae muy bien:** ¿Quedamos este sábado para tomar algo?
- **Tú:**..

ESTAR + GERUNDIO ⊕ P. 150, EJ. 3

Cuando presentamos una acción o situación presente como algo temporal o no definitivo, usamos **estar** + gerundio.

	ESTAR	+ GERUNDIO
(yo)	**estoy**	
(tú)	**estás**	
(él/ella/usted)	**está**	trabaj**ando**
(nosotros/nosotras)	**estamos**	com**iendo**
(vosotros/vosotras)	**estáis**	dic**iendo**
(ellos/ellas/ustedes)	**están**	

Estoy trabajando de camarero en una discoteca.

A veces podemos expresar lo mismo en presente con un marcador temporal: **últimamente, estos últimos meses, desde hace algún tiempo**...
*Desde hace algún tiempo **trabajo** de camarero en una discoteca.*

Cuando queremos especificar que la acción se está desarrollando en el momento preciso en el que estamos hablando, usamos **estar** + gerundio.
*No se puede poner al teléfono, **se está duchando**.*
No se puede poner al teléfono, ~~se ducha~~.

GERUNDIOS REGULARES		GERUNDIOS IRREGULARES	
habl**ar**	→ habl**ando**	le**er**	→ le**yendo**
beb**er**	→ beb**iendo**	o**ír**	→ o**yendo**
escrib**ir**	→ escrib**iendo**	d**e**cir	→ d**i**ciendo
		d**o**rmir	→ d**u**rmiendo

PEDIR OBJETOS, ACCIONES Y FAVORES
⊕ P. 152, EJ. 7; P. 154, EJ. 12

PEDIR UN OBJETO

Dependiendo de la situación, del interlocutor y de la dificultad que implica la petición, usamos una u otra estructura.

	TÚ	USTED
+ FORMAL + DIFÍCIL	¿Me podrías dejar / dar...?	¿Me podría dejar / dar...?
	¿Me puedes dejar / dar...?	¿Me puede dejar / dar...?
- FORMAL - DIFÍCIL	¿Me dejas / das...?	¿Me deja / da...?

Dar: para pedir un objeto que no pensamos devolver.
¿Me das un vaso de agua, por favor?

Pasar: para pedir que nos acerquen un objeto.
¿Me pasas la chaqueta, por favor?

Prestar o **dejar:** para pedir un objeto ajeno.
¿Me prestas / dejas tu coche este fin de semana?

Tener: para pedir algo que no sabemos si la persona tiene.
¿Tienes un bolígrafo?

Poner: para pedir algo en un bar o en una tienda de alimentación.
¿Me pone un cortado, por favor?
¿Me pone dos kilos de naranjas, por favor?

PEDIR UN FAVOR

Para pedir una acción, usamos las mismas estructuras que para pedir un objeto.
¿Podría decirme la hora, si es tan amable?
¿Puede ayudarme con el carrito, por favor?
¿Me ayudas un momento con esta traducción, por favor?

También podemos utilizar el verbo **importar** (en presente o en condicional) seguido de infinitivo.
¿Te importa / importaría pasar por casa esta tarde?

PEDIR Y CONCEDER PERMISO ⊕ P. 152, EJ. 10

Para pedir permiso, usamos el verbo **poder** (en presente o en condicional) seguido de infinitivo.
- *¿Puedo / Podría dejar la bolsa aquí un momento?*
- ○ *Sí, sí, claro.*

También podemos usar **importar si** + presente de indicativo.
- *¿Te importa si hago una llamada?*
- ○ *No, no. En absoluto.*

DAR EXCUSAS O JUSTIFICARSE

Es una norma de cortesía casi obligada explicar o justificar por qué rechazamos una invitación o por qué nos negamos a hacer un favor. Esa justificación se suele introducir con **es que**.
- *¿Vienes a cenar el sábado?*
- ○ *No puedo. **Es que** tengo que estudiar.*

Es que también sirve para justificar una petición.
*¿Puedo cerrar la ventana? **Es que** entra mucho ruido.*

SALUDOS Y DESPEDIDAS

Y la familia, ¿qué tal?
Y tu/su mujer, ¿cómo está?
¡Recuerdos a tu/su familia!

¡Saludos a Pedro!
¡Dale/dele un beso a tu/su madre!

13. VIDA EN LAS PLAZAS

A. Lee este texto. ¿Sabes de qué ciudades del mundo hispano hablan?

PLAZA MAYOR

La Plaza Mayor es el principal lugar de encuentro para la gente de la ciudad. En la plaza hay terrazas donde tomar algo, leer el periódico y charlar con los amigos, pero también es el escenario de numerosas actividades: conciertos, festivales de teatro, procesiones de Semana Santa, fiestas populares, etc. Además, alrededor de la plaza están los mejores restaurantes de la ciudad, en los que se celebra cada año el famoso concurso de tapas.

PLAZA DE LA CEBADA

La Plaza de la Cebada es una de las plazas más antiguas de la ciudad. Está en el barrio de La Latina, una de las zonas más de moda y concurridas de la capital. Un domingo soleado la plaza está abarrotada de gente incluso sentada en el suelo. Es un lugar ideal para tomar un aperitivo, comer unas tapas o disfrutar de unas cervezas con los amigos.

PLAZA JULIO CORTÁZAR

Conocida aún entre los habitantes de la ciudad como Plaza Serrano, esta plaza es el corazón del bohemio barrio de Palermo. Durante el día hay una feria de artesanía y actuaciones callejeras. La tarde es el momento ideal para sentarse en la terraza de una de las cafeterías que dan a la plaza. Por la noche la plaza se llena otra vez de gente que busca lugares para tomar algo, comer y disfrutar de la noche.

B. En el mundo hispano las plazas son muy importantes como lugar de encuentro y contacto social. ¿Es así en tu país? ¿Dónde se suele reunir la gente? ¿Cuándo?

> • *Aquí la gente suele reunirse en el pub.*
> ◦ *Sí, y también en casas de amigos, ¿no?*

C. Busca información en internet sobre un lugar de tu país (u otro) con mucha vida (una plaza, una calle...). Prepara una pequeña presentación y exponla en clase.

▶ VÍDEO

✚ EN CONSTRUCCIÓN

¿Qué te llevas de esta unidad?

Lo más importante para mí:

....

....

Palabras y expresiones:

....

....

Algo interesante sobre la cultura hispana:

....

....

Quiero saber más sobre...

....

....

5 / GUÍA DEL OCIO

EMPEZAR

1. LAS FOTOS DE ESTE FIN DE SEMANA

A. ¿Cuáles de estas cosas han hecho Pili y Toni este fin de semana?

- ○ han comido con unos amigos
- ○ han ido a la playa
- ○ han salido por la noche
- ○ han ido a una exposición
- ○ han ido a un concierto
- ○ han jugado al ajedrez
- ○ han estado en un parque
- ○ han ido a comprar a un mercado
- ○ han visto una película en casa
- ○ han ido al cine

B. ¿Y tú? ¿Qué has hecho este fin de semana?

misalbumesdefotos.dif

Mis fotos

EN ESTA UNIDAD VAMOS A
PLANIFICAR UN FIN DE SEMANA EN UNA CIUDAD ESPAÑOLA

RECURSOS COMUNICATIVOS

- hablar de actividades de ocio
- hablar de horarios
- relatar experiencias pasadas
- describir lugares
- hablar de intenciones y proyectos

RECURSOS GRAMATICALES

- el pretérito perfecto
- **ya** / **todavía no**
- **ir a** + infinitivo
- **querer** / **pensar** + infinitivo

RECURSOS LÉXICOS

- actividades y lugares de ocio
- viajes

COMPRENDER

2. GUÍA DEL OCIO ⊕ P. 156, EJ. 1-2; P. 157, EJ. 3-4; P. 160, EJ. 15

A. Aquí tienes un fragmento de una guía del ocio de Madrid. Fíjate en el texto y comenta con tus compañeros las siguientes cuestiones.

- ¿Qué tipo de texto es?
- ¿Qué tipo de información vas a encontrar en él?
- ¿Lees este tipo de textos a menudo?
- ¿Lees toda la información en un texto como este?
- ¿Lo lees igual que un artículo de prensa o que un poema?
- ¿Crees que es imprescindible entender todas las palabras?

QUÉ HACER HOY

BARES Y DISCOTECAS

Berlín Cabaret. Costanilla de San Pedro, 11. Ⓜ La Latina. ✆ 91 3662034. Bar con actuaciones en directo. Abierto todos los días de 22 a 5 h. Viernes, sábados y vísperas de festivo hasta las 6 h. Domingos cerrado.
www.berlincabaret.com

Casa Patas. Cañizares, 10. Ⓜ Antón Martín. ✆ 91 3690496. Tablao flamenco y restaurante. Especialidad en rabo de toro. Precio medio: de 18 a 34 €. Abierto todos los días de 22:30 a 24 h. Viernes y sábados de 21 a 2 h.
www.casapatas.com

Joy Eslava. Arenal, 11. Ⓜ Sol, Ópera. ✆ 91 3663733. Discoteca. Abierto todos los días de 23 a 5:30 h. Entrada: 13 € con consumición. Viernes y sábados hasta las 6:30 h. Entrada 18 €.
www.joy-eslava.com/Joy_Madrid

Del Diego. Calle de la Reina, 12. Ⓜ Gran Vía, Chueca. ✆ 91 5233106. Todo un clásico de la coctelería en Madrid. Disfrutar de un cóctel de ensueño y de un servicio que raya la perfección son sinónimos de Del Diego. Abierto de 19 a 3 h.
www.deldiego.com

MUSEOS

Museo del Prado. Pº del Prado, s/n. Ⓜ Banco de España, Atocha. ✆ 91 3302800. Uno de los museos más completos y visitados del mundo. Horario de 9 a 19 h de martes a domingo (días 24 y 31 de diciembre y 6 de enero abierto de 9 a 14 h). Cerrado todos los lunes del año y los días 1 de enero, 1 de mayo, 25 de diciembre y Viernes Santo. Entrada general 14 €, reducida 7 €. Exposición temporal: El trazo español en el British Museum. Dibujos del Renacimiento a Goya.
www.museodelprado.es

Museo Reina Sofía. Santa Isabel, 52. Ⓜ Atocha, Lavapiés. Abierto de lunes a sábado de 10 a 21 h. Domingo de 10 a 19 h. Martes cerrado. Entrada general: 8 €. Exposiciones temporales: 4 €. Entrada reducida: 50%. Gran colección de arte del siglo XX y contemporáneo, que incluye obras de Pablo Picasso, Joan Miró, Antoni Tàpies o Miquel Barceló.
www.museoreinasofia.es

Thyssen-Bornemisza. Pº del Prado, 8. Ⓜ Banco de España. Abierto de martes a domingo de 10 a 19 h. Lunes cerrado. Entrada: 9 €.

Exposición temporal: 10 €. Reducida: 6 €. Todo incluido: 15 €. Precios reducidos para mayores de 65 años y estudiantes con carné. Gratuito para menores de 12 años acompañados. Edificio de finales del siglo XVIII. Pintura desde los primitivos flamencos hasta el siglo XX. Exposición temporal: El Surrealismo y el sueño. Obras de Salvador Dalí, André Breton, René Magritte y Max Ernst, entre otros.
www.museothyssen.org

CaixaForum. Pº del Prado, 36. Ⓜ Atocha. Horario: de lunes a domingo de 10 a 20 h. Entrada: 4 €. Entrada gratuita para clientes de la Caixa. Un nuevo espacio para todo tipo de público, con una amplia oferta cultural, social y educativa, donde el visitante puede disfrutar de exposiciones, talleres, conferencias, cursos y conciertos.
www.obrasocial.lacaixa.es

CINES

Cine Doré. Filmoteca Española. Santa Isabel, 2. Ⓜ Antón Martín. ✆ 91 3692118 Entrada: 2,5 €. Entrada reducida con carné de estudiante: 2 €. Todas las películas en V.O. con subtítulos en castellano.

Ciclo Luis Buñuel
Viridiana. Pase: 17 h.
Belle de Jour. Pase: 22:15 h.
Ciclo Maestros de la fotografía: Néstor Almendros
Días del cielo (*Days of Heaven*). Pase: 19 h.

Ideal Yelmo Cineplex. Doctor Cortezo, 6. Ⓜ Sol, Tirso de Molina. ✆ 91 3692518. Entrada 9 €. Lunes y miércoles no festivos día del espectador: 7 €. V.O. subtitulada.
Los miserables. Pases: 16:00, 18:10, 20:25 y 22:50 h.
Rompe Ralph (apta para menores). Pases: 18:10, 20:30 y 22:45 h.
Los amantes pasajeros. Pases: 16:00, 18:10, 20:25 y 22:50 h.

Cinesa Príncipe Pío. Pº de la Florida, 2. Ⓜ Príncipe Pío. Entrada: 9 €. Sábados, domingos, festivos y sesión de madrugada: 9,20 €. Día del espectador: miércoles no festivos. Sábados y domingos sesiones matinales en todas las salas a las 12:15 h.
Brave (apta para menores). Pases: 16:15, 18:30, 20, 35 y 22:50 h.
Argo. Pases: 16:10, 18:40, 20:45 y 23 h.
G.I. Joe: La venganza. Pases: 16, 18:20, 20:40 y 23:00 h.

B. Imaginad que estáis en Madrid. En parejas, decidid cuál es
el mejor lugar para cada una de las siguientes situaciones.

1. Queréis bailar hasta las 5 h de la mañana.
2. Queréis ir a un museo, pero solo tenéis 4 euros cada uno.
3. Queréis ir al cine a ver una película en versión original.

4. Queréis tomar un cóctel.
5. Es la 1 h de la madrugada de un sábado y os apetece cenar.
6. Queréis ir al cine con un niño de 8 años.

> - *Para bailar toda la noche podemos ir a Joy Eslava.*
>   *Está abierto hasta las 5:30 h de la mañana.*
> ○ *O también podemos ir a...*

3. DE VUELTA A CASA ⊕ P. 161, EJ. 17

A. En el aeropuerto, a la vuelta de
las vacaciones, algunas personas
cuentan qué han hecho. Relaciona las
conversaciones con las fotos.

18-21

B. Ahora, vuelve a escuchar y completa el
cuadro. Puede haber más de una opción.

18-21

	1	2	3	4
1. Han estado en varias regiones del mismo país.				
2. Han estado sobre todo en una ciudad.				
3. Han comido muy bien.				
4. Han ido a museos.				
5. Han hecho excursiones.				
6. Han salido de noche.				
7. Han ido de compras.				
8. Han ido al teatro.				
9. Han ido en barco.				
10. Han ido a la playa.				

4. UN ANUNCIO ⊕ P. 157, EJ. 7; P. 158, EJ. 8-9

A. Mira este anuncio publicitario. ¿Qué crees que es SUR?

Este año no ha tenido vacaciones y ha trabajado muchos domingos. Este mes ha viajado seis veces por trabajo. Esta semana ha tenido tres cenas de negocios. Esta mañana ha escrito más de treinta mails. Esta tarde se ha tomado dos aspirinas. Hoy ha salido de la oficina a las nueve de la noche.

Ana Blanco, 38 años, empresaria.

Por suerte, esta noche va al SUR.

Muchas personas ya han descubierto la mejor manera de relajarse y olvidar el estrés de la ciudad. ¿Todavía no has probado nuestros tratamientos? ¿A qué estás esperando?

SUR, tu Spa Urbano de Relajación

B. Vuelve a leer el anuncio. ¿En qué tiempo verbal están las frases? ¿Qué marcadores temporales acompañan a este tiempo? Márcalos.

C. Y tú, ¿qué has hecho? Escríbelo y luego coméntalo con tus compañeros.

Este año ....

Este mes ....

Esta semana ....

Esta mañana ....

Hoy ....

.... dos veces ....

Nunca ....

- Este año he ido muy pocas veces al cine.
- Pues yo he ido bastante, sobre todo este mes.

5. YA LA HE VISTO

A. Escucha a dos amigos decidiendo qué película van a ver en el cine. ¿Por cuál se deciden al final?

22

B. Fíjate en estas frases del audio. ¿Entiendes qué significan las palabras en negrita? ¿Qué recursos usas en tu lengua para expresar lo mismo?

C. Comenta con tu compañero qué dirías en cada una de estas situaciones.

1. **A las dos un amigo te ha dicho: "Voy a comer". Ahora son las tres menos cuarto de la tarde. Tu amigo ha vuelto. ¿Qué le preguntas?**
   - ○ ¿Ya has comido?
   - ○ ¿Has comido?

2. **Un amigo tuyo está viviendo en Londres. Tú sabes que no le gusta mucho la pintura. ¿Qué le preguntas?**
   - ○ ¿Ya has ido a la National Gallery?
   - ○ ¿Has ido a la National Gallery?

3. **No te gustan las películas de Amenábar. Te preguntan: "¿Ya has visto la última película de Amenábar?" Si tú no piensas ir, ¿qué respondes?**
   - ○ No, no la he visto.
   - ○ No, todavía no la he visto.

4. **Esta noche tienes una cena en tu casa. Un amigo se ofrece para ayudarte con las compras, pero tú no necesitas ayuda. ¿Qué le dices?**
   - ○ No, gracias. Ya lo he comprado todo.
   - ○ No, gracias. Lo he comprado todo.

5. **Te encanta la pintura. En Madrid te preguntan: "¿Ya has visitado el Museo del Prado?" Si piensas ir, ¿qué respondes?**
   - ○ No, no lo he visitado.
   - ○ No, todavía no.

6. RECUERDOS DESDE CUBA ⊕ P. 159, EJ. 10

A. Una chica española de vacaciones en Cuba les envía una postal a sus padres. ¿Crees que está pasando unas vacaciones aburridas o divertidas?

> ¡Hola familia!
> Después de unos días en Varadero ya hemos llegado a La Habana. Estamos morenísimas. Hemos tomado mucho el sol y hemos hecho submarinismo... ¡con tiburones! Al final vamos a quedarnos aquí hasta el día 10 porque esto es increíble. Hemos conocido a unos chicos que nos están enseñando la ciudad. Mañana nos van a enseñar la Habana Vieja y este fin de semana vamos a ir a la Isla de la Juventud. Suena bien, ¿no?
> Mami, finalmente he decidido que el año que viene voy a seguir en la universidad. ¿Estás contenta?
> Un besote a todos. Bibi

Cuba 75

B. Vuelve a leer la postal y completa el cuadro.

PLANES	¿CUÁNDO? / ¿HASTA CUÁNDO?
Vamos a quedarnos aquí	hasta el día 10

C. En el cuadro anterior encontramos una estructura verbal nueva. ¿Con qué verbo se construye? Completa el cuadro.

		A + INFINITIVO
(yo)	....	
(tú)	....	
(él/ella/usted)	....	enseñar
(nosotros/nosotras)	....	a comer
(vosotros/vosotras)	....	ir
(ellos/ellas/ustedes)	....	

D. Todos estos marcadores temporales pueden referirse al futuro. ¿Puedes ordenarlos cronológicamente?

- ⬤ mañana
- ⬤ pasado mañana
- ⬤ dentro de dos años
- ⬤ el mes que viene
- ⬤ el año que viene
- ⬤ el lunes que viene
- ⬤ el 31 de diciembre
- ⬤ en Semana Santa
- ⬤ esta noche
- ⬤ esta tarde

7. ERASMUS ⊕ P. 159, EJ. 11

A. Escucha esta conversación con un estudiante Erasmus en Valencia y anota en tu cuaderno qué planes tiene.

23

Andrea Visentin, estudiante Erasmus en el Grado de Ciencias Políticas y de Administración Pública de la Universidad de Valencia.

B. Y tú, ¿tienes algún plan para el futuro? Piensa en tu trabajo, en tus estudios, en tus vacaciones... Escríbelo y, luego, cuéntaselo a un compañero.

PARA COMUNICAR

El año que viene	**voy a**	ir a Argentina.
	pienso	
	quiero	

- *El año que viene voy a apuntarme a un curso de...*

HABLAR DE HORARIOS

- ● ¿*A qué hora abre / cierra* el banco?
  ¿*A qué hora empiezan / acaban* las clases?
  ¿*A qué hora llega / sale* el tren de Sevilla?
- ○ *A las* nueve / diez / once y media...

Abre / Está abierto de diez *a* una.
Cierra / Está cerrado de una *a* cinco.

HABLAR DE EXPERIENCIAS EN EL PASADO: PRETÉRITO PERFECTO ⊕ P. 157, EJ. 5-6

	PRESENTE DE **HABER**	+ PARTICIPIO
(yo)	**he**	
(tú)	**has**	
(él/ella/usted)	**ha**	visit**ado**
(nosotros/nosotras)	**hemos**	com**ido**
(vosotros/vosotras)	**habéis**	viv**ido**
(ellos/ellas/ustedes)	**han**	

Los participios irregulares más frecuentes son:

abrir → **abierto**	morir → **muerto**	decir → **dicho**
poner → **puesto**	romper → **roto**	escribir → **escrito**
ver → **visto**	hacer → **hecho**	volver → **vuelto**
descubrir → **descubierto**		

Usamos el pretérito perfecto para hablar de experiencias que relacionamos con el momento en el que hablamos: **hoy, esta mañana, este mes, este fin de semana, este año, esta semana, estos días**...
- ● ¿Qué **has hecho** hoy?
- ○ Pues esta mañana **he ido** al médico. Es que no me encuentro muy bien.

También lo usamos para hablar de experiencias, pero sin mencionar cuándo se han realizado. En este caso, usamos expresiones como **alguna vez, varias veces, nunca**...
- ● ¿**Has estado** alguna vez en Roma?
- ● ¿En Roma? Sí, (**he estado**) dos veces.

🛈 En algunos lugares de España y de América Latina se utiliza el pretérito indefinido en vez del pretérito perfecto en los usos anteriores.

🛈 Recuerda que cuando hablamos de hechos pasados que no vinculamos con el presente (con frecuencia acompañados por marcadores como **ayer, la semana pasada**, etc.) usamos el pretérito indefinido.
- ● ¿Qué tal en Barcelona?
- ○ Genial. Hemos visto muchas cosas. El primer día **fuimos** al Museo Picasso...

YA / TODAVÍA NO + PRETÉRITO PERFECTO

Usamos **ya** cuando preguntamos por una acción cuya realización esperamos o creemos posible, o cuando confirmamos su realización.
- ● ¿**Ya** habéis estado en Madrid?
- ○ Sí, fuimos la semana pasada.

Con **todavía no** expresamos que una acción no se ha producido en el pasado, pero que esperamos que se produzca en el futuro.

- ● ¿Ya habéis visto La Giralda?
- ○ Sí, yo sí.
- ■ Yo **todavía no**. (= está en sus planes)

- ● ¿Ya habéis probado la paella?
- ○ No, **todavía no**. (= lo van a hacer)

HABLAR DE INTENCIONES Y PROYECTOS

	IR	A + INFINITIVO	
(yo)	**voy**		
(tú)	**vas**		
(él/ella/usted)	**va**	**a**	**cenar**
(nosotros/nosotras)	**vamos**		**ir** a Málaga
(vosotros/vosotras)	**vais**		**tomar** una copa
(ellos/ellas/ustedes)	**van**		

- ● ¿Qué **vais a hacer** el sábado por la noche?
- ○ Seguramente **vamos a ir** a casa de Pedro.

Para referirnos al futuro, podemos usar los siguientes marcadores temporales.

esta tarde / noche...
este jueves / viernes / sábado / fin de semana...
mañana
pasado mañana
dentro de un año / dos meses / tres semanas...
el lunes / mes / año... que viene

También podemos usar el presente de indicativo para hablar de intenciones y de proyectos que queremos presentar como firmes o decididos.
Mañana **cenamos** *en casa de Alicia.*

12. ESPACIOS NATURALES

A. ¿Qué tipo de vacaciones prefieres? ¿Te gusta la naturaleza? Aquí tienes información sobre tres espacios naturales de países hispanos. En grupos, decidid cuál os gustaría visitar y por qué.

ESCÁPATE A LA NATURALEZA

SI ESTÁS PENSANDO EN PERDERTE UNOS DÍAS Y TE GUSTA ESTAR EN CONTACTO CON LA NATURALEZA, AQUÍ TIENES TRES PROPUESTAS EN ESPACIOS NATURALES ESPECTACULARES DEL MUNDO HISPANO.

PARQUE NACIONAL DE LOS PICOS DE EUROPA (ESPAÑA)

Es el mayor Parque Nacional de Europa y abarca tres comunidades: Asturias, Cantabria y Castilla y León. En él se puede practicar alpinismo, senderismo, deportes de invierno, de aventura… La región cuenta con buenos accesos y muchos hoteles y refugios. Una curiosidad: estas montañas son el hábitat natural del oso pardo.

PARQUE NACIONAL CORCOVADO (COSTA RICA)

Este parque está en la costa del Pacífico, y sus características climáticas lo convierten en el hogar de una enorme diversidad de especies. El sistema de caminos del parque está muy bien diseñado y se pueden realizar excursiones por el bosque y por la playa, con la posibilidad de observar muy de cerca animales salvajes, muchos de ellos en peligro de extinción.

B. ¿Existen espacios naturales parecidos en tu país? ¿Cuál es el más famoso? ¿Has ido a alguno?

PARQUE NACIONAL TALAMPAYA (ARGENTINA)

En Talampaya, la erosión y el paso de los siglos han creado un paisaje espectacular formado por rocas de extrañas formas. Este parque destaca también por la abundancia de fósiles. Aquí se descubrió el *Lagosuchus talampayensis*, uno de los primeros dinosaurios que habitaron la Tierra, hace unos 250 millones de años.

▶ VÍDEO

Nuestro viaje a Cuba: Octubre de 2013

⊞ EN CONSTRUCCIÓN

¿Qué te llevas de esta unidad?

Lo más importante para mí:

....

....

Palabras y expresiones:

....

....

Algo interesante sobre la cultura hispana:

....

....

Quiero saber más sobre...

....

....

6 NO COMO CARNE

→ EMPEZAR

1. ¿TÚ QUÉ CENAS?

A. Unas personas nos dicen lo que suelen cenar. Relaciona los testimonios con las fotografías.

○ Ceno algo rápido mientras veo la televisión: normalmente, pasta.

○ Casi nunca ceno. A veces, si tengo hambre, tomo un yogur.

○ Suelo cenar algo de verdura y, si tengo más hambre, un trozo de queso.

○ Cenamos dos platos. De primero, algo ligero y, después, algo más: carne con patatas fritas...

○ Cenamos algo ligero: normalmente, una ensalada.

B. Identifica en las fotos los alimentos que se mencionan en el apartado A.

C. Comenta con un compañero lo que cenas normalmente. ¿Coincidís?

EN ESTA UNIDAD VAMOS A
PREPARAR UNA CENA PARA UNA FIESTA CON TODA LA CLASE

RECURSOS COMUNICATIVOS
- hablar de gustos y hábitos alimentarios
- explicar cómo se prepara un plato

RECURSOS GRAMATICALES
- los pronombres personales de OD
- las formas impersonales con **se**
- algunos usos de **ser** y de **estar**
- **y**, **pero**, **además**

RECURSOS LÉXICOS
- alimentos
- recetas
- pesos y medidas

2. COMO DE TODO ⊕ P. 162, EJ. 1-2

A. Aquí tienes las ofertas de la semana de una cadena de supermercados. ¿Conoces todos los productos? ¿Existen en tu país?

LÁCTEOS
- YOGURES 2,65 €
- MANTEQUILLA 1,98 €
- QUESO MANCHEGO 3,99 €
- LECHE CON OMEGA 3 1,60 €

PAN, GALLETAS Y PASTA
- PAN 0,95 €
- MACARRONES 2,30 €
- MAGDALENAS 3,25 €
- GALLETAS 3,99 €

HUEVOS Y CARNE
- BISTEC DE TERNERA 5,40 €
- HUEVOS 2,25 €

FRUTAS Y VERDURAS
- MANZANAS 2,80 €
- PATATAS 2,80 €
- NÍSPEROS 3,40 €
- LECHUGA 1,60 €
- MELOCOTONES 2,80 €
- TOMATES 1,90 €

OTROS
- BERBERECHOS 2,90 €
- REFRESCO 0,70 €
- ARROZ 1,89 €
- AZÚCAR 1,98 €
- CAFÉ 2,93 €

DROGUERÍA
- DETERGENTE 7,99 €
- LEJÍA 1,80 €
- GEL DE DUCHA 2,75 €

PRECIO MARKET

B. ¿Consumes estos productos? Completa el cuadro.

a menudo	de vez en cuando	nunca o casi nunca
	huevos	

C. Ahora, coméntalo con un compañero. ¿Hay otras cosas que no comes o no bebes nunca?

- Yo como de todo, pero la fruta no me gusta mucho.
- Yo no como pescado, soy alérgico.

3. VEGANOS

A. ¿Qué sabes de los veganos (los vegetarianos más estrictos)? Lee estas afirmaciones y, en parejas, comentad si os parecen verdaderas (V) o falsas (F).

		V	F
1.	Los veganos no toman azúcar, pero sí miel.		
2.	No usan ropa de lana.		
3.	No beben leche de vaca.		
4.	Creen que ayudan a acabar con el hambre en el mundo.		
5.	Creen que comer carne es malo para el medio ambiente.		
6.	No consumen ningún tipo de proteínas.		
7.	Consumen frutos secos: nueces, almendras, etc.		

B. Ahora leed este artículo y comprobad vuestras respuestas.

VEGANOS

Existen varios tipos de vegetarianos. Los más estrictos son los llamados "veganos". Los vegetarianos veganos no comen carne, pescado, lácteos, huevos, miel, ni ningún otro producto de origen animal. Tampoco compran productos fabricados con lana o con piel. Dicen que, además de ser el estilo de vida más sano que existe, el vegetarianismo ayuda a acabar con el hambre en el mundo, a proteger el medio ambiente y a mejorar la calidad de vida de todo el planeta. ¿Por qué?

LOS ANIMALES
Los veganos opinan que los animales utilizados para producir carne, leche y huevos son maltratados y viven, en general, en muy malas condiciones.

EL HAMBRE
En la Tierra se crían 1300 millones de animales, que ocupan casi el 24% del planeta. Estos animales consumen enormes cantidades de cereales y de agua, necesarias para alimentar a millones de humanos.

LA SALUD
Para los veganos, una dieta a base de fruta, verdura, cereales y legumbres es ideal para mantener el cuerpo limpio y sano.

¿QUÉ COME UN VEGANO?
Además de frutas frescas y verduras, come cereales, pasta, pan, patatas, legumbres, arroz, frutos secos, leche de soja, tofu y otros productos hechos a base de proteína vegetal. Estos alimentos aportan, según los veganos, todos los elementos que necesita el cuerpo humano.

C. ¿Conoces a algún vegano o vegetariano?

4. COCINA FÁCIL ⊕ P. 162, EJ. 3; P. 166, EJ. 16-17

A. Unos amigos te invitan a una fiesta en su casa y quieres llevar algo de comer. Aquí tienes dos platos muy sencillos. ¿Cuál es el más fácil? ¿Cuál vas a preparar?

Guacamole con nachos

Ingredientes para 6 personas: dos aguacates, un tomate, dos cucharadas de cebolla picada, una cucharadita de ajo picado, uno o dos chiles picados, un poco de zumo de limón, sal y una bolsa de nachos. Preparación: **se pelan** los aguacates, se colocan en un recipiente y, con un tenedor, se aplastan hasta obtener un puré. **Se pela** el tomate, se quitan las semillas, **se corta** en trocitos pequeños y se añade al puré. Luego, se añaden la cebolla picada, el ajo, los chiles, el zumo de limón y la sal. Se acompaña con nachos.

Huevos estrellados

Ingredientes para 6 personas: ocho patatas medianas, ocho huevos, tres lonchas de jamón serrano, aceite de oliva y sal. Preparación: se pelan las patatas, **se lavan** y **se cortan** en trozos pequeño. En una sartén **se calienta** el aceite y **se fríen** las patata... Se sacan y se reservan. Mientras, se pone el jamón en el horno y, cuando está crujiente, se corta en trozos y se mezcla con las patatas. Luego, se fríen los huevos e inmediatamente **se echan** sobre las patatas fritas y se revuelven: es decir, se "estrellan" los huevos con las patatas.

B. En las recetas hay algunos verbos en negrita. ¿Cuál es el infinitivo? Escríbelo debajo de la ilustración correspondiente.

1. echar
2. ....
3. ....
4. ....
5. ....
6. ....

C. Fíjate en la palabra **se** y en la forma verbal que va a continuación. A veces es la tercera persona del singular y, a veces, la tercera del plural. ¿Entiendes cuándo se usa una y cuándo la otra?

5. LA DIETA DE LA ALCACHOFA ● P. 162, EJ. 4

A. Lee esta entrada en un blog. ¿Qué te parece esta dieta?
Coméntalo con tus compañeros.

Las mejores dietas para adelgazar

¿Ya conoces la dieta de la alcachofa?

Hoy os voy a hablar de la dieta de la alcachofa, una dieta que he descubierto hace poco y que es ideal para perder bastante peso en solo una semana. Si tenéis unos kilitos de más y queréis perderlos, os la recomiendo. Sin embargo, no es aconsejable para personas obesas, ya que solo se puede hacer durante una semana.

¿En qué consiste?
Es muy sencillo. Durante una semana, **tenemos que** hacer cuatro comidas al día: desayuno, comida, merienda y cena. Y en todas esas comidas **hay que** comer alcachofas (en crema, cocidas, a la plancha, asadas…). Además, es muy importante beber dos litros de agua al día, pero nunca durante las comidas. También **hay que** tomar dos cápsulas de alcachofa media hora antes del desayuno. Para obtener los resultados deseados es necesario acompañar la dieta con ejercicio físico. Después de terminarla, **hay que** continuar con el ejercicio y alimentarse de forma sana.

B. Fíjate en las palabras en negrita. ¿Para qué se usan?
¿Qué recurso utilizas en tu lengua?

C. ¿Sigues o conoces alguna dieta? Explica a tus compañeros en qué consiste.

• Yo hice una vez la dieta Dukan. No hay que tomar hidratos de carbono.
○ ¿Nunca?
• Al principio, no.

PARA COMUNICAR
Hay que…
No hay que…
Tienes que…
No tienes que…

comer / beber / tomar…

6. ¡MAMÁ! ⊕ P. 163, EJ. 5-7

A. Flora es una gran cocinera y su hijo Juanito, que acaba de independizarse, le pide consejos. Escucha la conversación y contesta estas preguntas.

1. ¿Cuál es el truco de Flora para hacer la tortilla de patata?
2. ¿Qué hay que hacer con las patatas?
3. ¿Qué decide Juanito hacer al final?

B. En estas frases de la conversación entre Flora y su hijo los pronombres de objeto directo (OD) **lo**, **las**, **los** y **las** están marcados en negrita. ¿A qué sustantivo se refieren en cada caso?

> 1. Pones mucho aceite en una sartén y **lo** calientas.
> 2. Entonces añado las patatas. **Las** fríes muy bien, hasta que estén blanditas.
> 3. También puedes poner un poco de cebolla, **la** añades un rato antes que las patatas.
> 4. Luego añades los huevos. **Los** bates bien y **los** echas en la sartén.

C. Completa estas frases con un pronombre de OD.

1
- Hoy las verduras tienen un sabor diferente, ¿no?
- Sí, es que .... he hecho al vapor.

2
- ¡Qué pan tan rico! ¿De dónde es?
- .... he comprado en la panadería de abajo.

3
- ¿Dónde están los plátanos?
- .... he guardado en el frigorífico.

4
- ¿Has preparado la ensalada?
- Sí, ... he dejado en la mesa.

7. ADEMÁS... ⊕ P. 164, EJ. 10

A. Lee estas dos frases. Las palabras destacadas son conectores. ¿Entiendes qué significan?

Este supermercado es muy bueno, y, además, no es muy caro.

Este supermercado es muy bueno, pero es muy caro.

B. Ahora, escribe la opción más lógica en cada una de estas frases: **además** o **pero**.

1. La sopa está muy buena, ... le falta un poco de sal, ¿no crees?
2. Al lado de mi casa han abierto un supermercado muy barato, ... está abierto hasta las doce de la noche.
3. Me encanta el café, ... el médico me lo ha prohibido.
4. Prueba estas galletas. Están muy buenas y, ... son muy ligeras.
5. Normalmente tomo postre, ... hoy no me apetece.

FORMAS IMPERSONALES

Cuando no podemos o no nos interesa especificar quién realiza una acción, utilizamos formas impersonales. Usamos estas formas para dar instrucciones o para hacer generalizaciones.

SE + 3ª PERSONA

Primero, *se lavan* y *se pelan las frutas*, y luego...
En este restaurante *se come* muy bien.

lavar	→ **se lava/n**	calentar	→ **se calienta/n**
congelar	→ **se congela/n**	asar	→ **se asa/n**
pelar	→ **se pela/n**	cocer	→ **se cuece/n**
echar	→ **se echa/n**	hacer	→ **se hace/n**
cortar	→ **se corta/n**	freír	→ **se fríe/n**

2ª PERSONA DEL SINGULAR

Mira, *pones* aceite en una sartén, luego *echas* un diente de ajo...

HAY QUE + INFINITIVO

Hay que calentar mucho el aceite.

¿Cómo se hace el gazpacho?

Es muy fácil: hay que comprar tomates bien maduros...

CONECTORES: Y / PERO / ADEMÁS

Los conectores sirven para enlazar frases y para expresar las relaciones lógicas entre dos elementos.

Y añade un segundo elemento sin dar ningún matiz.
*Es un restaurante muy bonito **y** muy moderno.*

Pero añade un segundo elemento que presentamos como contrapuesto al primero.
*Es un restaurante muy bonito, **pero** la comida es horrible.*

Además añade un segundo elemento que refuerza la primera información.
*Es un restaurante muy bonito y, **además**, los camareros son muy simpáticos.*

PRONOMBRES PERSONALES DE OBJETO DIRECTO (OD)

➕ P. 164, EJ. 8-9

Los pronombres personales de objeto directo (**lo**, **la**, **los**, **las**) aparecen cuando, por el contexto, ya está claro cuál es el OD de un verbo y no lo queremos repetir.

	SINGULAR	PLURAL
masculino	**lo**	**los**
femenino	**la**	**las**

- ● ¿Dónde está <u>la miel</u>?
- ○ **La** he guardado en el armario.

- ● ¿Están buenas <u>las manzanas</u>?
- ○ No sé, todavía no **las** he probado.

- ● ¿Dónde está <u>el queso</u>?
- ○ **Lo** he puesto en el frigorífico.

- ● ¿Has traído <u>los libros de cocina</u>?
- ○ No, **los** he dejado en casa de mi madre.

Lo es también un pronombre de OD neutro y puede sustituir a una parte del texto o a **esto**, **eso**, **aquello**, **algo**...

- ● ¿Sabes <u>que van a abrir un centro comercial nuevo</u>?
- ○ Sí, **lo** he leído en el periódico.

- ● ¿Qué es <u>esto</u>?
- ○ Creo que es un regalo para ti. **Lo** ha traído Luis.

También usamos los pronombres cuando el OD está delante del verbo.
<u>El pescado</u> **lo** he preparado yo, pero <u>la tarta</u> **la** he comprado.

 No usamos los pronombres cuando el OD no lleva determinantes (artículos, posesivos, demostrativos).
- ● ¿Esta tortilla lleva Ø cebolla?
- ○ No, no Ø lleva.

SER / ESTAR

Para hacer una descripción o una valoración de algo, usamos el verbo **ser**.
*Los quesos extremeños **son** excelentes.*

Pero para comentar una experiencia directa, usamos **estar**.
*¡Qué bueno **está** este queso! (= lo estoy comiendo ahora)*

LÉXICO: PESOS Y MEDIDAS ➕ P. 167, EJ. 21

1 kg (**un kilo**) de arroz	200 g (**gramos**) de harina
1/2 kg (**medio kilo**) de azúcar	1 l (**un litro**) de aceite
1/4 kg (**un cuarto de kilo**) de café	1/2 l (**medio litro**) de agua

8. ¿A PESO O POR UNIDADES? ⊕ P. 167, EJ. 18

A. Lee este artículo. ¿Te parece interesante la iniciativa? ¿Existen tiendas similares en tu país? Coméntalo con un compañero.

VUELTA AL GRANEL

Durante mucho tiempo hemos comprado todo tipo de productos envasados, pero últimamente está volviendo una nueva manera de comprar la comida. En Barcelona han abierto Granel, una tienda en la que se pueden comprar los productos a peso: arroz, legumbres, harina, pasta, galletas, cereales para el desayuno, frutos secos, vino, aceitunas, hierbas aromáticas, especias... La cantidad mínima que puedes comprar es cinco gramos. Los dueños dicen que comprar a granel es más barato y mucho más sostenible, ya que no se usan tantos envases de plástico.

Tienda Granel en el barrio de Gracia de Barcelona.

B. Marca los alimentos que se mencionan en el texto. ¿Cómo se compran esos alimentos en tu país?

- a peso
- por unidades
- en cartones
- en bolsas
- en botellas
- en latas
- en botes
- en paquetes
- en cajas
- otros

9. LA DIETA DE SILVIA

A. ¿Qué crees que hace una modelo profesional para mantenerse en forma? ¿Qué cosas de la lista crees que come? ¿Cuáles no? Coméntalo con un compañero.

- verdura
- sushi
- marisco
- piña
- pescado a la plancha
- tartas
- chocolate
- hamburguesas
- pan integral
- pasta

B. Escucha a una modelo española y comprueba tus hipótesis. Escribe en la tabla qué come y qué no come.

come	no come

C. ¿Y tú? Cuando quieres cuidarte, ¿qué haces? ¿Qué no comes?

- Yo, cuando quiero cuidarme, no como chocolate.
- Pues yo no tomo nunca productos lácteos.

10. UNA COMIDA FAMILIAR ⊕ P. 165, EJ. 13

A. ¿Cómo es una comida familiar para celebrar algo en tu casa? Explícaselo a tus compañeros.

PARA COMUNICAR

(No) **se toma** un aperitivo / café después de la comida...
Se come mucho / bastante / poco.
(No) **se enciende** la televisión durante la comida.
Se bebe cerveza / agua / champán / vino...
(Nunca) **se pone** música / **se canta** / **se baila**...
Después de la comida, **nos quedamos sentados mucho tiempo** / **damos un paseo**...

> • En mi casa, en las comidas familiares normalmente se come mucho, se toma un buen vino...

B. Antonio cuenta cómo es una comida familiar en su casa. Escucha y toma nota de lo que dice. ¿Se parece a las comidas en tu casa?

C. ¿Qué consejos le darías a un extranjero que va a tu país? ¿Qué hay que hacer y qué no hay que hacer en una comida?

> • En Francia, hay que servir vino a los demás antes de servirse a uno mismo.
> ○ Pues en Japón no hay que dejar nunca los palillos clavados en la comida, se considera de muy mala educación.

11. LA CENA DE LA CLASE

A. Vais a preparar una cena para la clase. En parejas, tenéis que preparar tres platos. Decidid primero los platos y pensad qué ingredientes llevan y cómo se preparan. Escribidlo.

B. Presentad vuestros platos a los demás. Ellos os van a hacer preguntas. Al final, entre todos vais a elegir los platos que gustan a la mayoría.

> • Nosotros queremos preparar tiramisú, un postre típico italiano. Se hace con café, queso mascarpone y unos bizcochos que en italiano se llaman savoiardi...
> ○ ¿Lleva chocolate?
> • Sí.

C. Ahora, tenéis que hacer la lista de la compra. Tened en cuenta cuántos sois.

> • Tenemos que comprar mascarpone para el tiramisú. 500 gramos es suficiente, ¿no?
> ○ No sé, somos siete...

Tiramisú
500 g de queso mascarpone
400 g de bizcocho
4 huevos
120 g de azúcar
6 tazas de café
Cacao en polvo

12. DENOMINACIÓN DE ORIGEN

A. ¿Sabes qué es una denominación de origen? Coméntalo con tus compañeros y luego lee este texto.

D. O. ESPAÑA

Uno de los aspectos más interesantes de cualquier cultura es la gastronomía. Qué come la gente, qué bebe, qué productos son típicos, cuáles se consumen en épocas especiales como la Navidad o las fiestas familiares, cuáles son las especialidades de los restaurantes tradicionales o de los más modernos.

Seguramente, la mejor manera de saber cuáles son los productos más típicos y de mejor calidad en España es conocer las denominaciones de origen. Las denominaciones de origen son la garantía de que un producto típico, como un vino o un queso, están hechos de manera tradicional, en una región determinada y siguiendo estrictos controles de calidad.

Actualmente en España hay muchas denominaciones de origen: de vinos, de aceites, de quesos, de frutas, de verduras, de turrones, de arroces, de carnes, etc. Los productos con denominación de origen son, en general, algo más caros, pero casi siempre vale la pena pagar un poco más y tener la seguridad de llevarse a casa un producto de calidad.

1 mejillones de Galicia

2 queso Cabrales

3 espárragos de Navarra

7 vino de La Rioja

11 sobaos pasiegos

13 plátanos de Canarias

14 queso Manchego

15 naranjas de Valencia

GALICIA
ASTURIAS
CANTABRIA
PAÍS VASCO
NAVARRA
LA RIOJA
ARAGÓN
CASTILLA Y LEÓN
MADRID
CASTILLA-LA MANCHA
COMUNIDAD VALENCIANA
EXTREMADURA
MURCIA
ANDALUCÍA
ISLAS CANARIAS

B. Imagina que estás en España de vacaciones. ¿Qué productos comprarías para llevar a tu país?

C. Busca información en internet sobre un producto de tu país con denominación de origen y preséntalo en clase.

4 jamón de Extremadura

5 melocotones de Calanda

6 mantequilla de Soria

CATALUÑA
8

8 avellanas de Reus

9 aceite de Madrid

10 vino de Jerez

12
ISLAS BALEARES

12 sobrasada de Mallorca

16 queso Idiazábal

17 arroz de Calasparra

▶ VÍDEO

⊞ EN CONSTRUCCIÓN

¿Qué te llevas de esta unidad?

Lo más importante para mí:

....

....

Palabras y expresiones:

....

....

Algo interesante sobre la cultura hispana:

....

....

Quiero saber más sobre...

....

....

7 NOS GUSTÓ MUCHO

DESTINO:

EMPEZAR

1. ¡QUÉ LUGAR TAN INCREÍBLE!

A. Lee este reportaje ilustrado sobre Costa Rica y completa las frases.

- El autor probó platos típicos como ....

- Hizo una excursión en .... por la costa caribeña.

- Vio unos animales muy espectaculares: las ....

- Practicó deportes de aventura en la ....

B. ¿A cuál de estos lugares te gustaría ir?

> • A mí me gustaría ir a la costa del Pacífico para ver las ballenas.
> ○ Pues a mí me encantaría ir a la selva.

BAHÍA BALLENA

Nuestra primera excursión fue a Bahía Ballena, en la costa del Pacífico, donde vimos ballenas. La playa tiene forma de cola de ballena. ¡Qué lugar tan increíble!

EN ESTA UNIDAD VAMOS A
ESCRIBIR UN ARTÍCULO SOBRE LAS COSAS MÁS INTERESANTES DEL LUGAR EN EL QUE ESTAMOS

RECURSOS COMUNICATIVOS
- hablar de experiencias y valorarlas
- valorar personas y cosas
- expresar el deseo de hacer algo

RECURSOS GRAMATICALES
- usos del pretérito perfecto y del pretérito indefinido
- **me / te / le / nos / os / les gustaría** + infinitivo
- frases exclamativas

RECURSOS LÉXICOS
- **parecer**
- **caer bien / mal**
- **pasárselo bien / mal**
- lugares de interés y ofertas culturales

COSTA RICA (SJC)

UNA SODA TÍPICA

Una mañana, caminando por San José, nos encontramos una soda (una cafetería) típica y decidimos desayunar allí. Comimos gallopinto, un plato tradicional de Costa Rica. ¡Qué cosa tan rica!

SODA PURA VIDA

DESAYUNOS Y ALMUERZOS
CASADOS, CHIFRIJOS, GALLOPINTO, CEVICHE, TACOS, FAJITAS, ARROZ CON POLLO

PLAYAS CARIBEÑAS

También nos encantó la costa del Caribe. Un día hicimos una excursión en bici desde Puerto Viejo hasta Manzanillo. ¡Pasamos por playas maravillosas!

MONTEVERDE

Estuvimos en Monteverde, que es una reserva biológica, e hicimos deportes de aventura. Eso fue lo más divertido. La selva es una maravilla.

2. SAN SEBASTIÁN

A. Imagina que vas a ir de viaje a San Sebastián. Lee el siguiente artículo y decide a cuáles de los cuatro lugares de los que se habla te gustaría ir. Coméntalo con un compañero.

CUATRO SITIOS QUE NO TE PUEDES PERDER DE...

SAN SEBASTIÁN

LA PERLA DEL CANTÁBRICO

UN MUSEO
AQUARIUM / PALACIO DEL MAR

Este museo es la atracción más visitada de la ciudad y está en el puerto pesquero de San Sebastián. Fue el primer museo dedicado a las ciencias naturales que se fundó en España (en el año 1928). Recientemente, las instalaciones se han ampliado y son espectaculares: destaca un gran acuario con 1 800 000 litros de agua atravesado por un túnel.

UN EDIFICIO
KURSAAL

Este moderno centro de congresos y convenciones es también auditorio, teatro y sede del Festival Internacional de Cine de San Sebastián. Obra del arquitecto navarro Rafael Moneo, ganó en el año 2001 el premio Mies van der Rohe, uno de los premios más importantes de arquitectura, y es uno de los símbolos de la ciudad.

UN LUGAR
BAHÍA DE LA CONCHA

Desde que, en 1845, la Reina Isabel II empezó a tomar baños de mar en San Sebastián para curar sus problemas de salud, las playas de La Concha y Ondarreta son el centro turístico de la ciudad. En el largo paseo que bordea la bahía, destacan los jardines de Alderdi-Eder, el palacio de Miramar y *El peine de los vientos*, del escultor Eduardo Chillida.

UN RESTAURANTE
ARZAK

Juan Mari Arzak es el propietario y chef de este restaurante, considerado uno de los diez mejores del mundo. Su hija Elena, que dirige el restaurante con él, ganó en 2012 el premio a la mejor chef femenina del mundo. Arzak fue uno de los primeros restaurantes en España que consiguió tres estrellas en *La guía Michelín* y hoy continúa ofreciendo las creaciones más vanguardistas de la cocina vasca.

- *A mí me gustaría ir a la playa de La Concha porque me gusta mucho la playa.*
- *Pues a mí me gustaría ir al restaurante Arzak porque me encantaría probar la cocina vasca.*

B. ¿Cuál es el último lugar interesante (un museo, un edificio, un restaurante, etc.) en el que has estado?

- *Yo hace dos semanas estuve en...*

3. CONOCER MÉXICO ➕ P. 168, EJ. 3

A. Una revista recomienda algunas obras para conocer mejor la cultura contemporánea mexicana. ¿Cuál de estas obras te interesa más? ¿Por qué? Coméntalo con un compañero.

27-29

DISCOS
MUJER DIVINA

En este disco, Natalia Lafourcade reinterpreta los temas del mítico Agustín Lara. El disco combina pop, sonidos electrónicos y aires mexicanos, y cuenta con colaboraciones de auténtico lujo, como Jorge Drexler, Gilberto Gil y Kevin Johansen, entre otros.

LIBROS
MAL DE AMORES

En esta novela, la escritora Ángeles Mastretta nos relata la historia de una mujer que, a principios del siglo XX, en el México de la Revolución, intenta vivir su identidad en todos los aspectos de la vida, incluido el amor. Una lectura obligada (y no solo para ellas).

PELÍCULAS
NOSOTROS LOS NOBLES

Esta película de Gary Alazraki es una divertida comedia que cuenta la historia de tres hermanos de buena familia que pierden sus privilegios y se ven obligados a hacer lo que nunca han hecho: trabajar. La película ha sido todo un fenómeno social en el país y se ha convertido en la más taquillera del cine mexicano.

• Me gustaría ver la película, parece muy interesante...

B. Vas a oír tres conversaciones. En ellas, dos personas hablan de estas obras. ¿Qué obra están valorando?

27-29

C. Vuelve a escuchar las conversaciones y completa el cuadro.

27-29

	¿Le gustó?	¿Qué dice de la obra?
1		
2		
3		

4. ¿HAS ESTADO EN MÁLAGA? ⊕ P. 169, EJ. 4; P. 170, EJ. 5-6

A. En estos diálogos aparecen dos tiempos verbales. ¿Cuáles?

- **¿Has estado** alguna vez en Málaga?
- ○ Sí, **he estado** tres o cuatro veces.

- **¿Has estado** en Málaga?
- ○ No, no **he estado** nunca.

- **¿Has estado** en Málaga?
- ○ Sí, **estuve** la primera vez el año pasado, y esta primavera **he estado** otra vez.

- ¿Qué tal el fin de semana?
- ○ Fantástico, ¡**hemos estado** en Málaga!

- ¿Viajas mucho?
- ○ Bastante, el mes pasado **estuve** en Málaga, en Barcelona y en Milán.

B. Ahora, mira el cuadro y decide qué tiempo verbal se usa en cada uno de los tres casos: el pretérito perfecto o el pretérito indefinido.

1	Hablamos del pasado, pero no queremos hacer referencia a cuándo se produjeron los hechos. En estos casos, solemos usar expresiones como **alguna vez**, **varias veces**, **nunca** o **todavía no**.	○ pretérito indefinido ○ pretérito perfecto
2	Hablamos del pasado y queremos expresar que los hechos se produjeron en un momento relacionado con el presente. En estos casos, solemos usar expresiones como **hoy**, **este año**, **este mes** o **este fin de semana**.	○ pretérito indefinido ○ pretérito perfecto
3	Hablamos del pasado y queremos expresar que los hechos se produjeron en un momento no relacionado con el presente. En estos casos, solemos usar expresiones como **el año pasado**, **ayer**, **el otro día** o **la semana pasada**.	○ pretérito indefinido ○ pretérito perfecto

C. Completa ahora estas frases con los verbos en pretérito perfecto o indefinido.

1
- Nunca .... (entrar, yo) en la catedral.
- ○ ¿Nunca? ¡No me lo puedo creer!

2
- ¿Qué .... (hacer, tú) este fin de semana?
- ○ Pues el sábado .... (ir) al cine y ayer .... (quedarse) todo el día en casa.

3
- Este año no .... (ir, yo) a la playa ni un solo día.
- ○ Yo .... (ir) algunas veces, pero pocas.

4
- ¿Alguna vez .... (estar, tú) en Latinoamérica?
- ○ Sí, ... (estar) muchas veces. El verano pasado, por ejemplo, ... (ir) a Bolivia.

5. ME CAYÓ GENIAL ⊕ P. 170, EJ. 7; P. 171, EJ. 8-9

A. Aquí tienes tres correos que Claudia ha escrito a amigos suyos. Marca todas las frases en las que hace alguna valoración (de experiencias, de lugares, de personas, etc.).

Asunto: ¿Qué tal?

¡Hola Edith!
¿Qué tal por Londres? Yo, por aquí, feliz. ¿A que no sabes qué hice el viernes pasado? Me fui en tren a Sevilla a pasar el fin de semana con Carlos. ¡Fue fantástico! Salimos a cenar, paseamos mucho y estuvimos con sus amigos. Me lo pasé fenomenal. ¡Ah! También conocí a sus padres: me cayeron muy bien, son muy simpáticos. ¡Un fin de semana perfecto!
¿Y tú? ¿Qué me cuentas? ¿Cómo te va todo? Escríbeme.
Besos desde Madrid,
Claudia

Asunto: Exposición

¡¡¡Hola Félix!!!
¿Qué tal? Ayer fui a la inauguración de la exposición de cerámica de tu amiga Sandra. Tengo que decirte la verdad: ¡¡no me gustó nada!! ¡Qué horror! Pero no todo fue negativo. Conocí a su hermano Pablo, que me cayó genial y... hoy vamos a ir a cenar... ¿Qué me dices?
Besos,
Claudia

Asunto: holaaaaaa

¡Hola Paco!
¿Qué tal la vida en París? Yo últimamente salgo bastante con Santi y con Laila. El lunes me llevaron al restaurante de su hermano. La verdad, no me gustó mucho, y me pareció un poco caro. Ayer fui con ellos al cine a ver la última película de Icíar Bollaín. ¡Qué película tan buena! Me encantó. ¿La has visto?
Ya ves, por aquí todo está como siempre.
¿Cuándo vienes?
Claudia

B. ¿Cuáles de esas valoraciones son positivas? ¿Cuáles negativas?

C. ¿Te has fijado en cómo funciona la expresión **caer bien / mal**? Relaciona.

1. Ayer conocí a Luis y a Mar. Son muy simpáticos.
2. Ayer conocí a Pedro. Es muy simpático.
3. Ayer conocí a los padres de Paz. Son un poco antipáticos, ¿no?
4. Ayer conocí a Fede. No es muy simpático, ¿no?

A. Le cayó muy bien.
B. Le cayeron muy bien.
C. No le cayó muy bien.
D. No le cayeron muy bien.

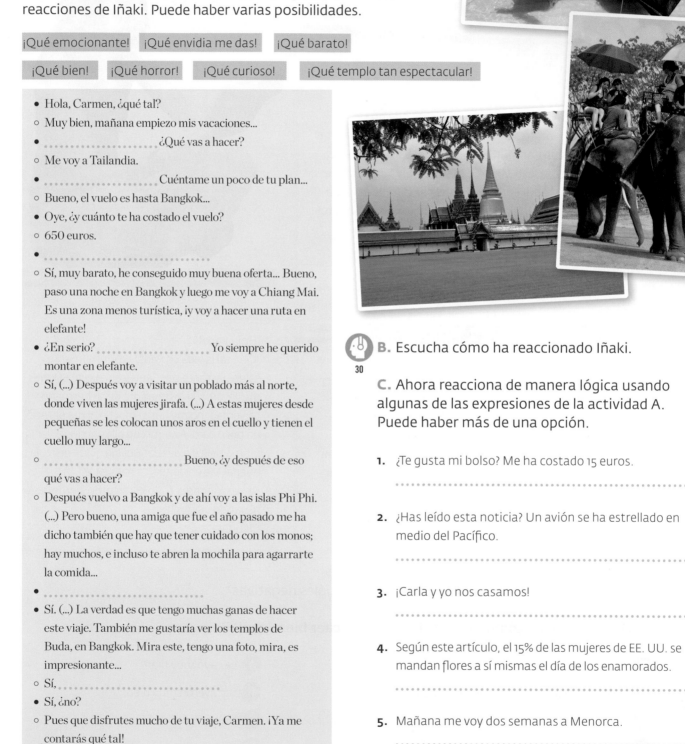

6. ¡QUÉ INTERESANTE! ⊕ P. 168, EJ. 1; P. 172, EJ. 14

A. Lee estos fragmentos de una conversación entre dos compañeros de trabajo. Carmen le cuenta a Iñaki lo que piensa hacer en sus vacaciones. Completa los fragmentos con las reacciones de Iñaki. Puede haber varias posibilidades.

| ¡Qué emocionante! | ¡Qué envidia me das! | ¡Qué barato! |

| ¡Qué bien! | ¡Qué horror! | ¡Qué curioso! | ¡Qué templo tan espectacular! |

- Hola, Carmen, ¿qué tal?
- Muy bien, mañana empiezo mis vacaciones...
- .... ¿Qué vas a hacer?
- Me voy a Tailandia.
- .... Cuéntame un poco de tu plan...
- Bueno, el vuelo es hasta Bangkok...
- Oye, ¿y cuánto te ha costado el vuelo?
- 650 euros.
- ....
- Sí, muy barato, he conseguido muy buena oferta... Bueno, paso una noche en Bangkok y luego me voy a Chiang Mai. Es una zona menos turística, ¡y voy a hacer una ruta en elefante!
- ¿En serio? .... Yo siempre he querido montar en elefante.
- Sí, (...) Después voy a visitar un poblado más al norte, donde viven las mujeres jirafa. (...) A estas mujeres desde pequeñas se les colocan unos aros en el cuello y tienen el cuello muy largo...
- .... Bueno, ¿y después de eso qué vas a hacer?
- Después vuelvo a Bangkok y de ahí voy a las islas Phi Phi. (...) Pero bueno, una amiga que fue el año pasado me ha dicho también que hay que tener cuidado con los monos; hay muchos, e incluso te abren la mochila para agarrarte la comida...
- ....
- Sí. (...) La verdad es que tengo muchas ganas de hacer este viaje. También me gustaría ver los templos de Buda, en Bangkok. Mira este, tengo una foto, mira, es impresionante...
- Sí, ...
- Sí, ¿no?
- Pues que disfrutes mucho de tu viaje, Carmen. ¡Ya me contarás qué tal!

B. Escucha cómo ha reaccionado Iñaki.

30

C. Ahora reacciona de manera lógica usando algunas de las expresiones de la actividad A. Puede haber más de una opción.

1. ¿Te gusta mi bolso? Me ha costado 15 euros.
....

2. ¿Has leído esta noticia? Un avión se ha estrellado en medio del Pacífico.
....

3. ¡Carla y yo nos casamos!
....

4. Según este artículo, el 15% de las mujeres de EE. UU. se mandan flores a sí mismas el día de los enamorados.
....

5. Mañana me voy dos semanas a Menorca.
....

HABLAR DE EXPERIENCIAS EN EL PASADO

Usamos el pretérito perfecto cuando preguntamos si una acción se ha realizado o no sin interesarnos por cuándo se ha realizado.

¿Has estado en la catedral?   **¿Has visto** la última película de Bollaín?
¿Has ido a Toledo?

También usamos el pretérito perfecto cuando informamos de un hecho situándolo en un tiempo que tiene relación con el presente.

Este fin de semana **he comido** demasiado.   Hoy **he desayunado** un café con leche
Esta semana **he leído** tres libros.   y unas tostadas.

También usamos el pretérito perfecto cuando no interesa el momento en el que hemos realizado algo.

He estado en Barcelona varias veces.   Ya **he visto** la película. Es buenísima.
Todavía no **he probado** la paella.

Usamos el pretérito indefinido cuando informamos de una acción pasada sin relacionarla con el presente.

Ayer **estuve** en casa de Carlos.   El martes pasado no **hice** los deberes.
El otro día **fui** a la catedral.

! En algunos lugares de España y de América Latina se utiliza el pretérito indefinido en vez del pretérito perfecto en los usos anteriores.

¿Habéis visto "Matrix 5"?
No, yo todavía no la he visto.
Sí, yo la vi ayer. Es muy buena.

EXPRESAR EL DESEO DE HACER ALGO ⊕ P. 168, EJ. 2

		GUSTARÍA + INFINITIVO
(A mí)	**me**	
(A ti)	**te**	
(A él/ella/usted)	**le**	
(A nosotros/nosotras)	**nos**	**gustaría** ir / ver / comprar
(A vosotros/vosotras)	**os**	
(A ellos/ellas/ustedes)	**les**	

● **¿Te gustaría ir** al circo esta tarde?
○ Sí, mucho.

VALORAR ⊕ P. 173, EJ. 15-16

FRASES EXCLAMATIVAS

qué + adjetivo	→ ¡**Qué** guapo / horrible / bonito...!
qué + sustantivo	→ ¡**Qué** maravilla / horror / gracia!
qué + sustantivo + **tan/más** + adjetivo	→ ¡**Qué** día **tan/más** estupendo!

EL VERBO PARECER

(A mí)	**me**		excelente/s
(A ti)	**te**		muy bueno/-a/-os/-as
(A él/ella/usted)	**le**	**pareció**	una maravilla
(A nosotros/nosotras)	**nos**	**parecieron**	un rollo
(A vosotros/vosotras)	**os**		un horror
(A ellos/ellas/ustedes)	**les**		

VALORAR COSAS Y ACTIVIDADES LÚDICAS

● **¿Qué tal** la comida?   ● **¿Qué tal** los libros?
○ **Me encantó**.   ○ **No me gustaron mucho / nada**.

● **¿Qué te/le pareció** la película?   ● **¿Qué te/le parecieron** los libros?
○ **Me gustó mucho / bastante**.   ○ **(Me parecieron)** un rollo / increíbles / un poco* aburridos...

! * Usamos **un poco** cuando hablamos de características que consideramos negativas.

PASÁRSELO + BIEN / MAL

(yo)	**me**	**lo**	**pasé**	
(tú)	**te**	**lo**	**pasaste**	
(él/ella/usted)	**se**	**lo**	**pasó**	
(nosotros/-as)	**nos**	**lo**	**pasamos**	bien / mal
(vosotros/-as)	**os**	**lo**	**pasasteis**	
(ellos/ellas/ustedes)	**se**	**lo**	**pasaron**	

● ¿Qué tal la fiesta de cumpleaños?
○ Yo **me lo pasé muy bien**, pero Ángela se aburrió un poco.

! En muchos países se dice **pasarla bien / mal**.

VALORAR PERSONAS

● **¿Qué te/le pareció** Luis?
   ¿Qué te/le parecieron los padres de Luis?
○ **Me cayó/cayeron (muy) bien**.
   No me cayó/cayeron muy bien.
   Me cayó/cayeron muy mal.

12. ¡ESPECTACULAR!

A. Una revista ha publicado un artículo con lugares espectaculares de países hispanos. Lee los textos. ¿Cuál te parece más espectacular?

CUATRO LUGARES ESPECTACULARES

Machu Picchu

No existen documentos históricos sobre esta antigua ciudad, por lo que las teorías sobre su origen son muy variadas. La teoría más aceptada es que la ciudad fue construida para el fundador del Imperio inca, Pachacútec Yupanqui; y después se convirtió en su mausoleo. Su localización y la calidad arquitectónica de las construcciones hacen de esta ciudad un lugar impresionante, digno del dios Sol y su corte.

Salar de Uyuni

Es el mayor desierto de sal del mundo y se encuentra en el Altiplano andino, en Bolivia. Está rodeado por montañas volcánicas de hasta 5000 metros. Este desierto se inunda con las lluvias en invierno y se seca en verano. Por eso, la mejor época para visitarlo es de noviembre a mayo, cuando se seca y es posible caminar por las capas de sal que lo forman.

B. ¿Conoces algún lugar espectacular? Busca información en internet y prepara una breve presentación. Votad cuál os parece el más espectacular.

EL SECRETO
DE SUS OJOS

Capillas de mármol

En plena Patagonia se encuentra uno de los lugares más hermosos del mundo. Las capillas de mármol son unas majestuosas cuevas de diversas tonalidades de azul, rosa y blanco, y de hasta 4 metros de alto. Se pueden visitar durante todo el año, aunque es mejor hacerlo cuando el nivel del mar está más bajo y se puede acceder a los túneles en pequeñas embarcaciones.

✛ **EN CONSTRUCCIÓN**

¿Qué te llevas de esta unidad?

Lo más importante para mí:

. . . .

. . . .

Palabras y expresiones:

. . . .

. . . .

Algo interesante sobre la cultura hispana:

. . . .

. . . .

Quiero saber más sobre...

. . . .

. . . .

Calakmul

En lengua maya, Calakmul significa "ciudad de las dos pirámides". El visitante tiene la oportunidad de admirar unas ruinas mayas en excelente estado de conservación y, además, de estar en contacto con especies de animales y plantas únicos en el mundo. Y es que lo espectacular de este lugar no es solo su arquitectura, sino su increíble ubicación: se encuentra en plena selva, en la reserva natural de Calakmul.

8 ESTAMOS MUY BIEN

1. PRODUCTOS NATURALES

A. Lee este texto sobre el tomillo. ¿Qué productos son adecuados en cada caso?

- Para la piel irritada
- Para la tos
- Para la caspa
- Para los dolores de cabeza
- Para prevenir los resfriados

B. ¿Conoces otros remedios naturales? ¿Qué beneficios tienen? ¿Qué productos se hacen con ellos?

> • El limón va bien para los resfriados.
> ○ Sí, y el té de limón es bueno para la tos.

SALUD Y PLANTAS

EL TOMILLO

Una hierba milenaria

El tomillo es una hierba aromática muy usada como condimento en la gastronomía de los países mediterráneos. Además, desde la Antigüedad se utiliza también para hacer productos cosméticos y remedios naturales.

EN ESTA UNIDAD VAMOS A

BUSCAR SOLUCIONES PARA ALGUNOS PROBLEMAS DE NUESTROS COMPAÑEROS

RECURSOS COMUNICATIVOS
- dar consejos
- hablar de estados de ánimo
- describir dolores, molestias y síntomas

RECURSOS GRAMATICALES
- usos de los verbos **ser** y **estar**
- verbo **doler**
- forma y algunos usos del imperativo afirmativo

RECURSOS LÉXICOS
- partes del cuerpo
- estados de ánimo
- enfermedades y síntomas

INFUSIÓN DE TOMILLO
Facilita la digestión después de comidas pesadas y previene los resfriados. También ayuda a dormir.

CHAMPÚ DE TOMILLO
Previene la caída del cabello y es un remedio eficaz contra la caspa.

MIEL DE TOMILLO
Es recomendable para las personas que tienen anemia, ya que es muy rica en hierro. También es un remedio eficaz contra la tos y el dolor de garganta.

ACEITE ESENCIAL
En aromaterapia, se usa el aceite esencial de tomillo para combatir los dolores de cabeza y las migrañas.

TÓNICO
El tónico de tomillo se usa para lavar las heridas y para tratar la piel irritada o con acné.

2. ¿CUIDAS TU CUERPO? P. 174, EJ. 1-2

A. Una revista ha publicado un artículo con consejos para cuidar el cuerpo. ¿Sigues alguno?

> • Yo siempre me desmaquillo antes de acostarme, pero casi nunca me pongo crema después de ducharme.
> ○ Pues yo siempre me pongo protector solar en verano.

B. En parejas, elegid los cinco consejos que os parecen más importantes. ¿Conocéis otros consejos para cuidar el cuerpo?

> • Yo creo que lo más importante es hacer deporte.
> ○ Sí, y también comer bien.

¿TE PREOCUPAS POR TU CUERPO?

¿SABES CÓMO CUIDAR LAS DIFERENTES PARTES DEL CUERPO? AQUÍ TIENES ALGUNOS PRÁCTICOS CONSEJOS.

LA CARA
- Debes ponerte crema hidratante por lo menos una vez al día.
- Recuerda que tienes que desmaquillarte antes de ir a dormir.
- En verano ponte crema protectora.

LOS OJOS
- Come alimentos con vitamina C, como la naranja o la zanahoria.
- Ponte gafas de sol en verano.
- Si tienes los ojos irritados, va muy bien lavarlos con manzanilla.

LOS LABIOS
- Debes hidratarlos regularmente con crema de cacao.
- Fumar reseca los labios y los envejece.

EL PELO
- Para tener un pelo sano, hay que comer a diario frutas y verduras.
- En verano, debes protegerlo del sol: usa un protector solar o cúbrete la cabeza con un gorro.

LAS MANOS
- Si tienes que lavar los platos a menudo, usa guantes y jabones suaves.
- En invierno debes ponerte guantes para protegerlas del frío.

LA ESPALDA
- Debes cuidar la postura mientras duermes: dormir boca abajo no es aconsejable; lo mejor es dormir de lado.
- Para evitar el dolor de espalda, dobla las rodillas al agacharte.
- Para fortalecerla, puedes practicar natación.

LOS BRAZOS Y LOS HOMBROS
- Para fortalecerlos, puedes practicar natación, boxeo o remo.
- Hay que hidratarse la piel de brazos y hombros después de cada ducha.

LAS PIERNAS
- No es bueno ponerse prendas de ropa muy ajustadas: son malas para la circulación.
- Intenta caminar como mínimo 30 minutos al día. Además, deportes como la natación o el ciclismo van bien para fortalecer las piernas.

LOS PIES
- Lávalos, sécalos e hidrátalos a diario.
- Debes cortarte las uñas a menudo, siempre con un corte recto.
- Las personas que trabajan de pie tienen que utilizar siempre un calzado cómodo.

3. LENGUAJE CORPORAL

A. Comenta con un compañero las siguientes cuestiones.

- ¿A qué distancia te pones de una persona cuando hablas con ella?
- ¿Mueves las manos cuando hablas? ¿Te molesta si tu interlocutor lo hace?
- Cuando hablas con otra persona, ¿la miras a los ojos? ¿Te sientes incómodo si la otra persona mantiene la mirada mucho tiempo?

B. Lee este artículo sobre el lenguaje corporal. ¿Qué información da sobre España y los países hispanos? ¿Te sorprende alguna información?

SIN PALABRAS

Cuando conversas con alguien, no solo te comunicas con las palabras: tu cuerpo también envía mensajes. Pero el lenguaje corporal no es igual en todos los lugares.

MIRA A LOS OJOS

Los ojos expresan todas las emociones: por una mirada podemos saber si una persona está triste, preocupada, etc. Para los españoles, alguien que mira directamente a los demás es, generalmente, una persona segura y sincera.

MANOS QUE HABLAN

Las personas de culturas latinas y mediterráneas usan las manos y tocan más a los demás que los anglosajones o algunos asiáticos (como los japoneses). Para los españoles, en general, tocar al interlocutor demuestra cariño, pero también es cierto que hay personas que se sienten molestas cuando las tocan. Por otro lado, casi nunca es aconsejable participar en una conversación con las manos en los bolsillos porque eso puede interpretarse como una falta de respeto.

MÁS CERCA

La distancia es algo relativo: depende de la cultura de cada uno. Los latinoamericanos, por ejemplo, se sienten cómodos con personas que están a menos de 50 cm, mientras que un estadounidense normalmente necesita un metro, aproximadamente, para no sentirse "invadido".

GESTOS QUE MUESTRAN IMPACIENCIA O ABURRIMIENTO

Si una conversación no te interesa, la otra persona puede notarlo fácilmente por tus gestos. En las culturas occidentales, en general, levantarse todo el tiempo, cruzar las piernas varias veces o mirar constantemente el reloj son signos evidentes de aburrimiento. Por eso, cuando estás sentado, es recomendable situarse en una posición cómoda y descansada para así respirar mejor. Además, si mueves los pies constantemente durante la conversación, el otro puede interpretar que estás nervioso, cansado o impaciente.

SONRÍE, POR FAVOR

Sonreír en una conversación transmite confianza y alegría, pero no hay que exagerar. Si sonríes demasiado, algunos españoles pueden tener la impresión de que no eres del todo sincero.

C. ¿Existen gestos o movimientos característicos de tu cultura o de tu país? ¿Hay alguna cosa importante que un extranjero que visita tu país tiene que saber?

8. REMEDIOS NATURALES ⊕ P. 177, EJ. 9-11

A. Aquí tienes tres recetas para preparar remedios caseros. ¿Para qué crees que sirve cada uno?

- Para combatir la caída del pelo.
- Para hidratar los pies.
- Para curar la tos.

> • Yo creo que la loción de ortiga sirve para...

B. En dos recetas se habla de **tú** y en una, de **usted**. ¿Sabes en cuáles?

Mascarilla de aguacate

Ingredientes: un aguacate y un yogur natural.

- **Haz** una pasta con el aguacate y **mézclala** con el yogur.
- **Ponte** esa pasta en los pies.
- **Envuelve** cada pie en una bolsa de plástico.
- **Quítate** la bolsa y **lávate** bien los pies.

Loción de ortiga

INGREDIENTES:
HOJAS DE ORTIGA Y AGUA

- **Compra** hojas de ortiga en una tienda de productos naturales.
- **Pon** las hojas en una olla y **añade** medio litro de agua.
- **Hierve** el agua con las hojas durante 10 minutos.
- **Deja** reposar el líquido toda la noche.
- **Frota** el cuero cabelludo con esa mezcla.

INFUSIÓN DE ANÍS

Ingredientes: 20 gramos de semillas de anís y agua.

Compre semillas de anís y **macháquelas**. **Hierva** una taza de agua y **añada** las semillas. **Tape** la taza y **deje** reposar la mezcla un cuarto de hora. **Tome** la infusión varias veces al día, bien caliente. **Beba** muy despacio.

C. Los verbos en negrita están en imperativo. ¿Sabes cómo se forma este tiempo? Completa los cuadros.

	IMPERATIVO AFIRMATIVO		
	comprar	**beber**	**añadir**
(tú)	....	bebe	....
(vosotros/-as)	comprad	bebed	añadid
(usted)	....	....	....
(ustedes)	compren	beban	añadan

D. Fíjate ahora en los verbos que llevan pronombres. ¿Qué posición ocupan esos pronombres?

E. Escribe los infinitivos de todos los verbos en negrita. ¿Qué verbos son irregulares? Dos de ellos tienen las mismas irregularidades que otro tiempo verbal. ¿Sabes cuáles son y de qué tiempo verbal se trata?

IMPERATIVO ⊕ P. 178, EJ. 14

IMPERATIVO AFIRMATIVO

El imperativo afirmativo en español tiene cuatro formas: **tú** y **vosotros/-as**, **usted** y **ustedes**.

	COMPRAR	COMER	VIVIR
(tú)	compr**a**	com**e**	viv**e**
(vosotros/-as)	compr**ad**	com**ed**	viv**id**
(usted)	compr**e**	com**a**	viv**a**
(ustedes)	compr**en**	com**an**	viv**an**

La forma **tú** se obtiene eliminando la **-s** final de la forma correspondiente del presente.

compra**s** → **compra**   comes → **come**   vives → **vive**

Los verbos que en presente de indicativo tienen las irregularidades **E > IE**, **O > UE** y **E > I** mantienen esas irregularidades en las formas **tú**, **usted** y **ustedes** del imperativo.

pi**e**nsas → pi**e**nsa   d**ue**rmes → d**ue**rme   pides → pide
pi**e**nsa → pi**e**nse   d**ue**rme → d**ue**rma   pide → pida
pi**e**nsan → pi**e**nsen   d**ue**rmen → d**ue**rman   piden → pidan

Existen algunos verbos irregulares en la forma **tú**.

poner → **pon**   tener → **ten**   ser → **sé**
hacer → **haz**   venir → **ven**   ir → **ve**
salir → **sal**   decir → **di**

La forma **vosotros/-as** se obtiene al sustituir la **-r** del infinitivo por una **-d**.

hablar → **hablad**   comer → **comed**   vivir → **vivid**

Con el imperativo, los pronombres van detrás del verbo.
Lávate bien los pies e **hidrátalos** cada día.

ALGUNOS USOS DEL IMPERATIVO

RECOMENDAR Y ACONSEJAR

Ponte protector solar.   **Haz** deporte tres veces a la semana.
Camina 30 minutos al día.   **Vete** de vacaciones y **relájate**.

DAR INSTRUCCIONES

Ponte la mascarilla y **espera** dos horas. Luego **lávate** bien la cara con agua tibia.

HABLAR DE DOLORES, MOLESTIAS Y SÍNTOMAS

EL VERBO DOLER

me/te/le/ nos/os/les	**duele**	la cabeza. (NOMBRE EN SINGULAR)
	duelen	los pies. (NOMBRE EN PLURAL)

Tener + dolor de Ø cabeza / espalda / oído...
Tener + tos / fiebre / frío / calor / náuseas / mala cara...
Estar + mareado/-a, resfriado/-a, cansado/-a, pálido/-a...

- ¿Qué le pasa, señora Torres? **Tiene** mala cara.
- Me **duele** mucho la cabeza y **estoy** un poco mareada.

DAR CONSEJOS

	CONSEJOS IMPERSONALES
(**Para** adelgazar) (**Si** quiere/s adelgazar,)	**lo mejor es** hacer deporte. **va (muy) bien** desayunar fruta.
	CONSEJOS PERSONALES
	tiene/s que comer menos. **debe/s** hacer más deporte. **debería/s** andar más. **puede/s** hacer una dieta. **intente/a** comer menos dulces.

SER Y ESTAR

SER	ESTAR
IDENTIFICAR, DEFINIR Y DESCRIBIR PRESENTANDO LAS CARACTERÍSTICAS COMO ALGO PERMANENTE Y OBJETIVO	PRESENTAR LAS CARACTERÍSTICAS DE ALGO O DE ALGUIEN COMO TEMPORALES O SUBJETIVAS
Carlos **es** un amigo mío del colegio. Yuri **es** sueco, pero sus padres **son** rusos. Sandra **es** dentista. Además **es** muy guapo. ~~Está un chico guapo.~~	El novio de Tania **está** un poco raro últimamente: **está** triste, de mal humor, y además, **está** muy delgado...
	INDICAR LA UBICACIÓN O LA POSICIÓN
	El Teatro Real **está** cerca de aquí, ¿no? **Está** de pie / sentado/-a / tumbado/-a.

Hay adjetivos que se combinan con **ser** y con **estar** sin cambiar de significado.
Es impaciente. (= siempre)   **Está** impaciente. (= en este momento o últimamente)

Algunos adjetivos van únicamente con el verbo **ser**.
Es muy inteligente.   ~~Está muy inteligente.~~

Algunos adjetivos van únicamente con el verbo **estar**.
Está contento.   ~~Es contento.~~

Los participios usados como adjetivos van siempre con **estar**.
La puerta **está** abierta.   Las ventanas **están** cerradas.

Los adverbios **bien** y **mal** van siempre con **estar**.
Está muy bien.   ~~Es muy bien.~~

9. GESTOS

A. ¿Qué gestos o qué movimientos haces en las siguientes situaciones?

- cuando estás enfadado/-a
- cuando estás nervioso/-a
- cuando estás contento/-a
- cuando estás impaciente
- cuando estás triste

> • Cuando estoy enfadado, creo que pongo la boca así y cruzo los brazos...

B. Ahora vais a actuar. De uno en uno, tenéis que mostrar un estado de ánimo o una emoción. Los demás tienen que adivinar de qué emoción se trata.

> • ¿Estás nervioso?
> ○ No.
> • ¿Enfadado?

10. ¿CÓMO LO DIGO?

A. Fíjate en los gestos de las fotografías. En parejas, relacionad cada uno con lo que indica.

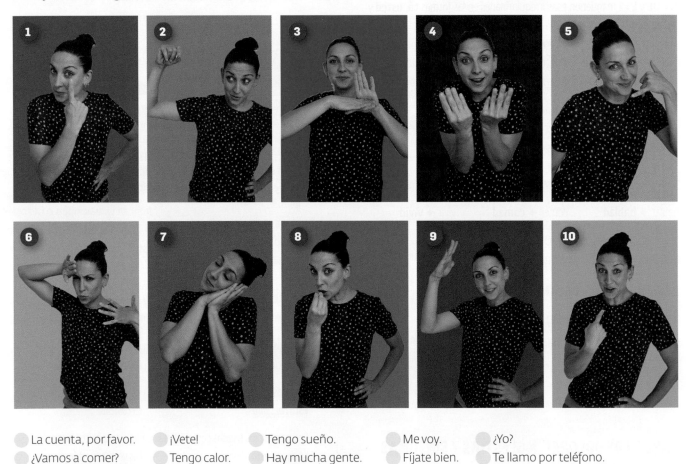

- La cuenta, por favor.
- ¿Vamos a comer?
- ¡Vete!
- Tengo calor.
- Tengo sueño.
- Hay mucha gente.
- Me voy.
- Fíjate bien.
- ¿Yo?
- Te llamo por teléfono.

B. ¿Haces los gestos anteriores para expresar lo mismo? ¿Y tus compañeros? ¿Qué otros gestos hacéis?

11. CONSULTORIO ⊕ P. 177, EJ. 12

A. Tres personas han escrito a un programa de radio para pedir consejo. En parejas, comentad qué consejos podéis darles.

La semana que viene tengo que hablar en público y estoy muerto de miedo.
Pedro (Murcia)

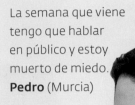

Paso 12 horas al día delante del ordenador. ¿Qué puedo hacer para no perder la forma?
Cristina (Bilbao)

Una compañera de trabajo se divorció hace un mes. Me gusta mucho, pero no sé si es un buen momento para proponerle una relación.
Jorge (Madrid)

B. Escucha los consejos que les da la experta. ¿A quién va dirigido cada consejo? ¿Coinciden con los vuestros?

43-45

	Consejo para...	¿Qué dice?
1.		
2.		
3.		

12. TENGO UN PROBLEMA ⊕ P. 178, EJ. 13

A. En una hoja aparte, escribe un problema o algo que te preocupa. Puede ser real o inventado, y tratar de cuestiones de salud, trabajo, relaciones personales, etc. Fírmalo con un pseudónimo.

B. Tu nota va a circular por toda la clase. Cada uno de tus compañeros va a escribir en la misma hoja una solución o un consejo para ayudarte.

C. Presenta a la clase los consejos que han escrito tus compañeros para tu problema. ¿Cuáles son los mejores?

MI PROBLEMA:

He adelgazado mucho últimamente. No tengo hambre y además estoy un poco estresada porque tengo mucho trabajo.
Salwa

CONSEJOS:

Hola, Salwa:
Deberías tomarte unas vacaciones y descansar. También tienes que cuidar tu alimentación. Va muy bien ir a un balneario para relajarse y comer sano.
Frank

13. NUEVOS HÁBITOS DEPORTIVOS ⊕ P. 179, EJ. 16

A. Lee este texto sobre la relación de los españoles con el deporte y luego comenta con tus compañeros los siguientes aspectos:

- ¿Hacéis deporte? ¿Lo hacéis por los mismos motivos que la mayoría de españoles?
- ¿Cuáles de los deportes mencionados hacéis o habéis hecho alguna vez? ¿Cuáles os gustan más? ¿Por qué?

LOS ESPAÑOLES Y EL DEPORTE

HÁBITOS DEPORTIVOS DE LOS ESPAÑOLES

Según una encuesta hecha por el Ministerio de Educación, Cultura y Deporte, los españoles hacen más deporte que hace diez años. Además, la mayoría no lo hace para disfrutar, sino porque va bien para relajarse, para luchar contra el estrés y, por supuesto, para estar en forma.

Lo curioso es que no se practican los mismos deportes que antes. El fútbol y la natación todavía están entre los más practicados, pero la novedad es que ahora la mayoría de los españoles hace gimnasia, en casa o en un gimnasio. En estos centros, muchos realizan actividades físicas guiadas, como pilates, danza del vientre, spinning, taichi, aikido o capoeira.

DEPORTES DE MODA

En los últimos veinte años se han puesto de moda nuevos deportes. Uno de ellos es el pádel, un deporte de raqueta que se juega en parejas en una pista completamente cerrada. Se inventó en México en los años 60 y en las últimas décadas se ha popularizado mucho en los países de habla hispana. Otro deporte que se practica cada vez más en los gimnasios es la zumba, un ejercicio aeróbico originario de Colombia que se hace a ritmo de salsa, cumbia o merengue. Los que lo han probado dicen que, además de divertido, es muy bueno para adelgazar y para tonificar los músculos. Y, aunque aún son minoritarios, cada vez se practican más algunos deportes acuáticos como el kitesurf, el paddle surf y el submarinismo.

B. ¿Qué deportes se practican más en tu país? Haz una lista y luego coméntalo con tus compañeros.

 C. ¿Conoces algún deporte que se haya puesto de moda en los últimos años? Explica a tus compañeros en qué consiste. Si lo necesitas, puedes buscar información en internet.

MENOS DEPORTE QUE EN OTROS PAÍSES DE EUROPA

Aunque los españoles cada vez hacen más deporte, el porcentaje es todavía menor que el de otros países europeos.

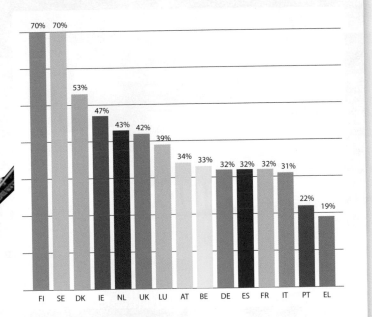

LOS 10 DEPORTES MÁS PRACTICADOS

1. Gimnasia de mantenimiento **35%**
2. Fútbol **27,5%**
3. Natación **22,4%**
4. Ciclismo **19,4%**
5. Carrera a pie **12,9%**
6. Montañismo, senderismo **8,6%**
7. Baloncesto **7,7%**
8. Tenis **6,9%**
9. Atletismo **6%**
10. Pádel **5,9%**

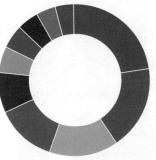

▶ VÍDEO

⊕ EN CONSTRUCCIÓN

¿Qué te llevas de esta unidad?

Lo más importante para mí:

Palabras y expresiones:

Algo interesante sobre la cultura hispana:

Quiero saber más sobre...

9 ANTES Y AHORA

→ EMPEZAR

1. IMÁGENES DE UNA DÉCADA

A. Mira estas imágenes. ¿Con qué década las asocias?

○ Con los años 30

○ Con los años 50

○ Con los años 80

○ Con los años 2000

> • Yo creo que estas imágenes son de los años…

B. ¿Reconoces a alguien en las fotos?

EN ESTA UNIDAD VAMOS A
DECIDIR CUÁL HA SIDO LA ÉPOCA MÁS INTERESANTE DE LA HISTORIA

RECURSOS COMUNICATIVOS
- hablar de hábitos, costumbres y circunstancias en el pasado
- situar acciones en el pasado y en el presente
- argumentar y debatir

RECURSOS GRAMATICALES
- el pretérito imperfecto
- **ya no / todavía**
- marcadores temporales para el pasado
- marcadores temporales para el presente

RECURSOS LÉXICOS
- viajes
- periodos históricos
- etapas de la vida

3

4

COMPRENDER

2. ESPAÑA EN LA ÉPOCA DE FRANCO

A. ¿Qué sabes de la época de Franco en España? Completa estas frases para obtener información sobre ese periodo.

1. No existía ....

2. Había miles de ....

3. Muchas películas, ... y libros estaban prohibidos.

4. Existía la ....

5. La televisión y los otros .... estaban controlados por el gobierno.

6. .... eran ilegales.

7. Los preservativos y .... estaban prohibidos.

8. .... vivían en el exilio y no podían volver a España.

9. Estaba prohibido enseñar ....

obras de teatro
el divorcio
los partidos políticos
presos políticos
medios de comunicación
vasco, gallego y catalán
miles de españoles
todos los anticonceptivos
pena de muerte

B. Ahora, relaciona estos titulares con las informaciones anteriores.

A APROBADA LA LEY DE AMNISTÍA
(octubre de 1977)

B MILES DE ESPAÑOLES CRUZAN LA FRONTERA FRANCESA PARA VER *EL ÚLTIMO TANGO EN PARÍS*
(diciembre de 1972)

C EJECUTADOS SALVADOR PUIG ANTICH Y HEINZ CHEZ
(marzo de 1974)

D EL SENADO ESPAÑOL DA LAS GRACIAS OFICIALMENTE A MÉXICO POR SU ACOGIDA A LOS EXILIADOS ESPAÑOLES
(octubre de 1998)

E APROBADA LA LEY DE DIVORCIO
(julio de 1981)

F SE LEGALIZA EL PARTIDO COMUNISTA DE ESPAÑA
(abril de 1977)

G La Constitución reconoce la oficialidad de las lenguas catalana, gallega y vasca
(diciembre de 1978)

H LAS FARMACIAS ESPAÑOLAS EMPIEZAN A VENDER PÍLDORAS ANTICONCEPTIVAS
(marzo de 1978)

I Este mes empieza a emitir Antena 3, la primera televisión privada de España
(diciembre de 1989)

3. TURISTAS O VIAJEROS

A. Lee este fragmento de un artículo sobre los viajes. ¿Estás de acuerdo con lo que dice?

> • Yo estoy de acuerdo. Para mí viajar ya no es una aventura.
> ○ Pues yo no estoy de acuerdo. Yo creo...

VIAJAR...
YA NO ES UNA AVENTURA

B. Ahora, lee este cuestionario y marca las respuestas con las que estás más de acuerdo.

1. Viajar es siempre una experiencia enriquecedora. La gente que viaja es más interesante.
- a. Estoy de acuerdo. Las personas que no han viajado son menos interesantes.
- b. Bueno, viajar es fantástico, pero hay gente interesantísima que no ha viajado nunca.
- c. Pues yo creo que hay gente que viaja mucho, pero que no aprende nada en sus viajes.

2. Hoy en día es muy difícil descubrir sitios nuevos y vivir aventuras.
- a. Es cierto, todos los sitios parecen iguales en todo el mundo: los restaurantes, los aeropuertos, los hoteles, ¡incluso la gente!
- b. Bueno, eso depende, si eres aventurero de verdad, puedes encontrar experiencias nuevas en cualquier lugar.
- c. No estoy de acuerdo. Para mí, subir a un avión ya es una aventura.

3. Ahora la gente puede viajar mucho más que antes y eso es positivo.
- a. Es verdad, hoy en día todo el mundo viaja y eso es muy bueno.
- b. No sé, creo que la gente viaja más, pero no quiere descubrir cosas nuevas.
- c. Sí, todo el mundo viaja, pero eso también tiene efectos negativos; por ejemplo, en el medio ambiente.

4. Antes todo era más romántico. La gente viajaba en barco, en tren… y ese viaje era parte de la aventura. Ahora todo es demasiado rápido.
- a. Sí, antes los viajes duraban mucho, eso formaba parte del encanto.
- b. Eso depende de cómo viajas. Todavía hay maneras románticas de viajar.
- c. Pues yo creo que los viajes son todavía muy lentos. Se pierde mucho tiempo.

5. Se pueden vivir aventuras sin ir muy lejos.
- a. Sí, claro, la aventura puede estar en tu propia casa.
- b. Bueno, creo que eso depende del carácter de cada uno.
- c. Para mí no. Yo creo que, si realmente quieres vivir una aventura, tienes que romper con la rutina e irte lejos.

A principios del siglo pasado, los primeros turistas (ingleses, alemanes, franceses, etc.) descubrían el mundo. Todo era exótico y nuevo: la lengua del lugar, la comida, las ciudades, los paisajes. Cada lugar era una sorpresa y una experiencia única. Pero eso ha cambiado radicalmente: hoy en día el turismo mueve a diario a millones de personas en todo el mundo, aunque muy pocos lo viven como una auténtica aventura.

C. Una periodista especializada en viajes da sus opiniones sobre los temas anteriores en un programa de radio. ¿Coincide contigo?

46

4. HOY EN DÍA

A. ¿Sabes alguna cosa sobre Ibiza? Coméntalo con tus compañeros.

B. Una persona nos ha contado cosas sobre Ibiza. Lee las frases.
¿Habla de la actualidad o de los años 60 y 70?

	AÑOS 60 Y 70	ACTUALIDAD
Hoy en día Ibiza es uno de los centros de la música electrónica de todo el mundo.		
Actualmente muchas estrellas del cine, de la música y de la moda pasan sus vacaciones en Ibiza.		
Entonces era una isla más tranquila y menos turística.		
En aquella época, había muchos *hippies* que vivían en cuevas.		
En estos momentos la población es de unas 90 000 personas, pero en verano llega a las 300 000.		
En aquellos tiempos, los *hippies* de todo el mundo viajaban a la India, a Tailandia o a Ibiza.		
Ahora muchos de los *hippies* que vivían en Ibiza son altos directivos de empresas.		

C. ¿Qué palabras (verbos y expresiones) te han ayudado a saber si se trata del presente o del pasado? Subráyalas.

5. A LOS 18 AÑOS ⊕ P. 181, EJ. 4

A. Aquí tienes una serie de datos sobre la vida de Ángel, un hombre de 70 años.
¿A qué etapa de su vida pertenece cada una? Márcalo en el cuadro.

1. **A los** 18 años aún no sabía qué quería estudiar.
2. **Cuando** era pequeño, siempre recogía animales de la calle y los llevaba a casa: gatos, perros, pájaros...
3. **Cuando** iba a la universidad, en Madrid, salía mucho de noche e iba muy poco a clase.
4. **Cuando** vivía en Madrid con su segunda mujer, tenían una casa en Marbella, donde pasaban los veranos.
5. **Cuando** tenía 55 años, trabajaba mucho: era el director de una empresa multinacional y viajaba por toda Europa.
6. **De niño** era muy tímido y no tenía muchos amigos; le encantaba leer y quedarse en casa con sus hermanos.

	1	2	3	4	5	6
INFANCIA						
JUVENTUD						
MADUREZ						

B. Escribe ahora tú tres frases sobre tres momentos de tu vida.

1. De niño ....

2. A los .... años ....

3. Cuando ....

6. LAS FOTOS DE LA ABUELA ⊕ P. 181, EJ. 5-6, P. 182, EJ. 7

A. Elsa está mirando unas fotos con su abuela, que tiene 101 años. ¿A qué conversación corresponde cada foto?

1
- Mira esta foto en la playa.
- ¿La playa?
- Sí, en mis tiempos la playa era muy diferente. Cuando íbamos, nos cambiábamos de ropa en casetas como esta y luego nos bañábamos. No tomábamos nunca el sol. Estar morena no estaba de moda.
- ¿Y esto son los bañadores? Eran enormes, ¿no?
- Sí, y siempre tenían dos piezas: camisa y pantalón.

2
- Mira, este es un amigo de tu abuelo.
- ¡Qué gracioso!
- Sí, se llamaba Juan y era el mejor amigo de tu abuelo.
- ¡Qué elegante!, ¿no?
- Es que antes no nos hacíamos tantas fotos como ahora. Y el día que íbamos al fotógrafo nos poníamos la mejor ropa.

3
- Y este es tu padre.
- ¡Qué guapo! ¿Cuántos años tenía aquí?
- Dos. Era un niño muy guapo, sí. Y muy bueno.

B. En los diálogos, algunos verbos están en un nuevo tiempo del pasado: el pretérito imperfecto. Subráyalos. ¿Para qué crees que se usa este tiempo?

	Para describir circunstancias o cosas habituales en el pasado.
	Para hablar de hechos que solo ocurrieron una vez.

7. YA NO TENGO TANTO TIEMPO LIBRE
⊕ P. 180, EJ. 3

47

A. Observa estas dos imágenes de Elisa. ¿Cuál crees que es actual y cuál de hace unos años? ¿Por qué? Luego escucha y comprueba.

47

B. Vuelve a escuchar lo que dice Elisa. ¿Cuáles de estas afirmaciones son verdaderas?

○ **Ya no** pasa tanto tiempo con su novio.
○ Ahora **ya no** tiene tanto tiempo libre.
○ Ahora **ya no** gana tanto dinero como antes.
○ **Todavía** le gusta cultivar verduras en el jardín.

○ **Ya no** está con su novio de antes.
○ **Todavía** vive en la misma casa de las afueras.

C. ¿Cuándo usamos **ya no** y **todavía**? Completa la tabla.

Usamos .... para expresar que una acción que ocurría en el pasado no ocurre en el presente.	
Usamos .... para expresar que una acción que ocurría en el pasado continúa en el presente.	

D. ¿Y tú? ¿En qué cosas has cambiado? Escribe frases usando **ya no** y **todavía**.

YA NO	TODAVÍA

PRETÉRITO IMPERFECTO ⊕ P. 180, EJ. 1-2

Usamos el pretérito imperfecto para describir los hábitos, las costumbres y las circunstancias de un momento pasado. El pretérito imperfecto es el equivalente del presente, pero referido al pasado.

VERBOS REGULARES

	-AR	-ER	-IR
	ESTAR	TENER	VIVIR
(yo)	estaba	tenía	vivía
(tú)	estabas	tenías	vivías
(él/ella/usted)	estaba	tenía	vivía
(nosotros/nosotras)	estábamos	teníamos	vivíamos
(vosotros/vosotras)	estabais	teníais	vivíais
(ellos/ellas/ustedes)	estaban	tenían	vivían

VERBOS IRREGULARES

	SER	IR	VER
(yo)	era	iba	veía
(tú)	eras	ibas	veías
(él/ella/usted)	era	iba	veía
(nosotros/nosotras)	éramos	íbamos	veíamos
(vosotros/vosotras)	erais	ibais	veíais
(ellos/ellas/ustedes)	eran	iban	veían

Cuando **éramos** niños, **vivíamos** en un piso del centro. **Era** un piso muy grande, cerca de la catedral.

MARCADORES TEMPORALES PARA EL PASADO

de niño/-a	de joven
a los 15 años	cuando tenía 33 años

- ● ¿Cómo eras **de niño**?
- ○ Era un niño muy normal, creo.

Para referirnos a una época de la que ya hemos hablado anteriormente, usamos las siguientes expresiones.

en esa / aquella época	entonces
en aquellos tiempos	

Yo, de niño, leía mucho. Como **en aquella época** no teníamos televisión en casa...

MARCADORES TEMPORALES PARA EL PRESENTE

hoy en día	actualmente
en estos momentos	ahora

Antes la gente no viajaba mucho porque era caro; **hoy en día** viajar en avión es mucho más barato.

ARGUMENTAR Y DEBATIR

PRESENTAR UNA OPINIÓN

Yo creo / pienso que los viajes son mucho mejores hoy en día.

DAR UN EJEMPLO

Por ejemplo, antes había menos seguridad en el transporte.

DAR UN ELEMENTO NUEVO PARA REFORZAR UNA OPINIÓN

Además, era mucho más caro y solo viajaban personas con mucho dinero.

ACEPTAR UNA OPINIÓN

Estoy de acuerdo.

(Sí), es cierto / verdad.

(Sí), claro / evidentemente.

RECHAZAR UNA OPINIÓN

(Bueno), yo no estoy de acuerdo (con eso).

Yo creo que no.

MOSTRAR ACUERDO PARCIAL Y MATIZAR

Bueno, sí, pero antes eran más emocionantes.

Eso depende.

Ya, pero ahora está todo tan globalizado que ya no puedes conocer la cultura de un lugar.

Yo pienso que en los años 60 la música era mucho mejor que ahora.

Bueno, depende, porque también había música muy mala.

YA NO / TODAVÍA + PRESENTE ⊕ P. 182, EJ. 9

Usamos **ya no** para expresar la interrupción de una acción o de un estado.

Ya no vivo en Madrid. (= antes vivía en Madrid y ahora no)

Usamos **todavía** para expresar la continuidad de una acción o de un estado.

Todavía vivo en Madrid. (= antes vivía en Madrid y sigo viviendo allí)

12. HISTORIA DE ESPAÑA

A. Aquí tienes información sobre diferentes momentos de la historia de España. ¿Qué puedes decir de la España actual? Escribe un texto en tu cuaderno.

MOMENTOS DE LA HISTORIA DE ESPAÑA

1 Para los hombres de la Antigüedad, Hispania era el fin del mundo; creían que más allá de la península ibérica no había nada.

Cabo Finisterre (Galicia), considerado el fin del mundo en la Antigüedad

2 Hacia el siglo VI a. C., vivían en la Península varios pueblos. Los íberos estaban sobre todo en el este; los celtas, en diversos puntos de la Península; y había colonias fenicias, como Gadir (Cádiz), y griegas, como Emporio (Ampurias).

La Dama de Elche, escultura íbera

3 En el siglo I d. C., Hispania era parte del Imperio romano y se hablaba latín. Emerita Augusta (Mérida), Hispalis (Sevilla) y Tarraco (Tarragona) eran ciudades importantes, y los productos de Hispania (trigo, vino y aceite de oliva) se exportaban a todo el Imperio.

Teatro romano de Mérida

4 Hacia el siglo X, los musulmanes ocupaban la mayor parte de la Península. La agricultura estaba muy desarrollada y Al-Andalus era la región más avanzada y poderosa de Europa.

La mezquita de Córdoba

5 A finales del siglo XV, ya no quedaban reinos musulmanes en la Península. Reinaban los Reyes Católicos: Isabel de Castilla y Fernando de Aragón.

Los Reyes Católicos, Isabel y Fernando

6 Alrededor del siglo XVI, gran parte de América, las Islas Filipinas, los Países Bajos y otras regiones de Europa formaban parte del Imperio español.

Puerto de Sevilla, centro económico del Imperio Español, en el siglo XVI

B. Entre todos, vais a preparar una "historia ilustrada" de vuestro país. Por parejas, buscad fotos de un periodo y escribid un texto.

7

A finales del siglo XIX, España estaba en plena decadencia y solo mantenía las últimas colonias: Cuba, Filipinas y Puerto Rico.

Guerra de Independencia de Cuba (1895 - 1898)

8

Durante la dictadura de Franco (1939 - 1975), en España no había libertad de expresión, prensa, reunión, etc., y miles de españoles vivían en el exilio.

Represión policial en la época franquista

▶ VÍDEO

Moda de los 80

⊞ EN CONSTRUCCIÓN

¿Qué te llevas de esta unidad?

Lo más importante para mí:

....

....

Palabras y expresiones:

....

....

Algo interesante sobre la cultura hispana:

....

....

Quiero saber más sobre...

....

....

10 MOMENTOS ESPECIALES

→ EMPEZAR

1. UN MOMENTO INOLVIDABLE

A. Mira esta fotografía. ¿Por qué crees que este día fue especial para Emilio? Coméntalo con un compañero.

B. Emilio habla de la fotografía con un amigo suyo. Escucha y completa con los datos que da.

- Estuvo en Melpa (Colombia) en el año ....

- Allí hizo ....

- En ese momento estaba con ....

- Pasó mucho miedo cuando, un día, ...

EN ESTA UNIDAD VAMOS A
CONTAR ANÉCDOTAS PERSONALES

RECURSOS COMUNICATIVOS

- relatar en pasado
- secuenciar acciones
- expresar emociones

RECURSOS GRAMATICALES

- formas irregulares del pretérito indefinido
- el contraste entre el pretérito indefinido y el imperfecto
- las formas del pasado de **estar** + gerundio
- marcadores temporales para relatar

RECURSOS LÉXICOS

- acontecimientos históricos
- emociones

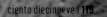

2. UN DÍA EN LA HISTORIA

A. Vas a oír a tres personas que nos cuentan un momento de la historia que recuerdan con mucha intensidad. ¿De qué día habla cada una?

50-52

CRISIS DE LOS BALSEROS EN CUBA.

30 de Octubre - 2003

1983 - 30 de Octubre -

RA

FIN DE LA DICTADURA MILITAR EN ARGENTINA.

B. Vuelve a escuchar los tres testimonios y toma notas en tu cuaderno.

50-52

- ¿Qué pasó?
- ¿Cuándo ocurrió?
- ¿Con quién estaba?
- ¿Dónde estaba?
- ¿Qué estaba haciendo?

MUNDIAL DE FÚTBOL DE SUDÁFRICA.

C. ¿Y tú? ¿Recuerdas algún momento histórico? Explícaselo a tus compañeros.

- Yo recuerdo el día del atentado contra las Torres Gemelas.

10

3. UN REBELDE CON CAUSA ⊕ P. 186, EJ. 1

A. Reinaldo Arenas fue un conocido escritor cubano. En este fragmento de su libro *Antes que anochezca* cuenta un episodio clave de su vida. ¿En qué momento de la historia de Cuba crees que ocurrieron los hechos que se relatan?

REINALDO ARENAS
Antes que anochezca

Aquel año la vida en Holguín se fue haciendo cada vez más insoportable; casi sin comida, sin electricidad; si antes vivir allí era aburrido, ahora sencillamente era imposible. Yo, desde hacía algún tiempo, tenía deseos de irme de la casa, alzarme, unirme a los rebeldes; tenía catorce años y no tenía otra solución. Tenía que alzarme; tal vez podía hasta irme con Carlos, participar juntos en alguna batalla y perder la vida o ganarla; pero hacer algo. Le hice la proposición de alzamiento a Carlos y me dijo que sí. (...)

Yo me levanté de madrugada, fui para la casa de Carlos y llamé varias veces frente a la ventana de su cuarto, pero Carlos no respondió; evidentemente, no quería responder. Pero como yo ya estaba dispuesto a dejarlo todo, eché a caminar rumbo a Velasco; me pasé un día caminando hasta que llegué al pueblo. Pensé que allí me iba a encontrar con muchos rebeldes que me iban a aceptar con júbilo, pero en Velasco no había rebeldes ni tampoco soldados bastinianos; había un pueblo que se moría de hambre, compuesto en su mayoría por mujeres. Yo solo tenía cuarenta y siete centavos. Compré unos panqués de la región, me senté en un banco y me los comí. Estuve horas sentado en aquel banco; no tenía deseos de regresar a Holguín ni fuerzas para hacer la misma jornada caminando.

HITOS DE LA HISTORIA DE CUBA

1492 Cristóbal Colón llega a la isla de Cuba.

1560 La isla se convierte en un punto comercial estratégico.

1850 Se producen enfrentamientos entre el ejército español y los independentistas cubanos.

1895 Empieza la guerra entre España y Cuba.

1898 Estados Unidos entra en la guerra.

1899 Estados Unidos asume el gobierno de Cuba durante cuatro años.

1940 Nueva Constitución.

1952 Fulgencio Batista da un golpe de Estado.

1956 Un grupo de jóvenes liderados por Fidel Castro se interna en Sierra Maestra y forma el núcleo del ejército rebelde.

1959 Tras derrotar a las fuerzas de Batista, el ejército rebelde entra en La Habana.

1962 J.F. Kennedy ordena el bloqueo a Cuba.

1980 El Gobierno cubano autoriza la emigración hacia los Estados Unidos.

1991 La URSS pone fin a su alianza política, militar y económica con Cuba.

2008 Fidel Castro renuncia a la presidencia.

B. Estas frases resumen el texto de Reinaldo Arenas. Ordénalas cronológicamente.

Reinaldo propuso a un amigo dejar el pueblo.

La vida en Holguín era terrible y Reinaldo decidió unirse a los revolucionarios.

En Velasco no había revolucionarios, pero Reinaldo no quería volver a Holguín.

Una noche fue a buscar a su amigo, pero este no le abrió la puerta y Reinaldo se fue solo a Velasco.

7. ESTABA LLOVIENDO Y... ⊕ P. 188, EJ. 7

Lee estas frases. ¿Por qué crees que usamos el imperfecto en las de la izquierda y el indefinido en las de la derecha?

- **Estaba lloviendo** y no salí de casa.
- **Estaba estudiando** Medicina cuando conoció a Luis.
- **Estábamos bailando** y, de repente, llamaron a la puerta.
- **Estaba tomando** el sol en la playa y se durmió.

- **Estuvo lloviendo** de 12 a 19 h de la tarde.
- **Estuvo estudiando** Medicina cinco años, pero luego lo dejó.
- **Estuvimos bailando** toda la noche hasta que llegó la vecina.
- **Estuvo** cuatro días seguidos **tomando** el sol y se quemó.

8. RESULTA QUE... ⊕ P. 188, EJ. 8; P. 190, EJ. 11

A. Lee esta historia y ordénala. ¿Te ha pasado algo parecido?

Ⓐ **El otro día** me pasó una cosa horrible.

Ⓑ **Más tarde**, cuando todo el mundo estaba charlando animadamente, saqué la tarta y le di un trozo a todo el mundo.

Ⓒ **De repente**, la gente empezó a poner caras extrañas y a preguntarme por qué la tarta tenía ese sabor tan extraño. Yo no entendía qué ocurría.

Ⓓ **Resulta que** era el cumpleaños de mi amiga Laura y unos amigos decidimos hacerle una fiesta sorpresa en mi casa. Decoramos la casa y yo preparé una tarta, pero, sin darme cuenta, le puse sal en vez de azúcar.

Ⓔ **Entonces** la probé y me di cuenta de que estaba malísima porque estaba salada... ¡Qué vergüenza!

Ⓕ **Un rato después** Laura llegó a casa y se encontró con la sorpresa. Se puso muy contenta y, cuando vio la tarta, me dijo que tenía un aspecto fantástico y que tenía muchas ganas de probarla.

Ⓖ **Al día siguiente** volví a hacer una tarta e invité a Laura y a otros amigos a merendar a casa. Y esta vez estaba buenísima.

1	2	3	4	5	6	7
A						G

B. ¿Entiendes qué significan las palabras en negrita del apartado anterior? ¿Cómo expresarías lo mismo en tu lengua?

VERBOS IRREGULARES EN PRETÉRITO INDEFINIDO

IRREGULARES CON CAMBIO VOCÁLICO

Los verbos de la tercera conjugación (**-ir**) que tienen cambios vocálicos en presente presentan también un cambio vocálico en indefinido; en este caso, en la tercera persona del singular y en la tercera del plural.

	PEDIR	SENTIR	DORMIR
(yo)	pedí	sentí	dormí
(tú)	pediste	sentiste	dormiste
(él/ella/usted)	p**i**dió	s**i**ntió	d**u**rmió
(nosotros/nosotras)	pedimos	sentimos	dormimos
(vosotros/vosotras)	pedisteis	sentisteis	dormisteis
(ellos/ellas/ustedes)	p**i**dieron	s**i**ntieron	d**u**rmieron

VERBOS CON RAÍZ IRREGULAR

Hay una serie de verbos irregulares que tienen una raíz irregular en indefinido. Todos tienen las mismas terminaciones.

	ESTAR
(yo)	estuv**e***
(tú)	estuv**iste**
(él/ella/usted)	estuv**o***
(nosotros/nosotras)	estuv**imos**
(vosotros/vosotras)	estuv**isteis**
(ellos/ellas/ustedes)	estuv**ieron**

saber	→ **sup-**
tener	→ **tuv-**
querer	→ **quis-**
poner	→ **pus-**
venir	→ **vin-**
poder	→ **pud-**
hacer	→ **hic-/z-**
haber	→ **hub-**

* En la primera y en la tercera personas de estos verbos, la sílaba tónica no está en la terminación (como en los regulares) sino en la raíz.

VERBOS SER E IR

En el indefinido, los verbos **ser** e **ir** son irregulares y tienen la misma forma.

	SER / IR
(yo)	**fui**
(tú)	**fuiste**
(él/ella/usted)	**fue**
(nosotros/nosotras)	**fuimos**
(vosotros/vosotras)	**fuisteis**
(ellos/ellas/ustedes)	**fueron**

¿Sabes? Ayer fui al cine con Andrés y se durmió en mitad de la película.

¿En serio? Pobre, es que trabaja demasiado...

PRETÉRITO INDEFINIDO / IMPERFECTO

Cuando hablamos de acontecimientos que ocurrieron en el pasado, podemos usar los dos tiempos. Con el **pretérito indefinido** presentamos la información como un acontecimiento que hace avanzar la historia. Con el pretérito imperfecto describimos; la historia se detiene y "miramos" lo que pasa alrededor de los acontecimientos.

Visitó Madrid por primera vez en 1988. Era verano y hacía mucho calor.
Aprendí a cocinar en casa. Mi madre era una cocinera excelente.

ESTAR + GERUNDIO

Usamos **estar** en un tiempo del pasado + gerundio para presentar las acciones en su desarrollo.

PRETÉRITO PERFECTO + GERUNDIO
*Estos días **he estado pensando** en Marta.*
*Carlos **ha estado** dos meses **ensayando** una canción.*

PRETÉRITO INDEFINIDO + GERUNDIO
*Ayer **estuve hablando** con Paco.*
*El martes **estuve** todo el día **pensando** en Marta.*
*Carlos **estuvo** dos meses **ensayando** una canción.*

PRETÉRITO IMPERFECTO + GERUNDIO
*Estaba hablando con Paco y, **de repente**, me ha dado un regalo.*
*Cuando Marta me llamó, **estaba pensando** en ella.*
*Cuando llegué había mucho ruido porque Carlos **estaba ensayando** una canción.*

> **!** Si queremos expresar la ausencia de una acción durante un periodo de tiempo, podemos usar **estar sin** + infinitivo.
> **He estado** todo el fin de semana **sin salir** de casa.

MARCADORES PARA RELATAR

> **Una vez / Un día / El otro día**
> **(Y) entonces / (Y) en ese momento**
> **Luego / Más tarde**
> **(Un rato / tiempo...) después**
> **De repente**
> **Resulta que**

El otro día me pasó una cosa increíble. Llegué a casa, abrí la puerta **y, entonces,** oí un ruido raro. **Luego,** cuando estaba en la cocina, oí otro ruido **y, de repente,** llamaron a la puerta...

9. LEYENDAS URBANAS P. 189, EJ. 9; P. 190, EJ. 10

A. Aquí tienes dos historias bastante curiosas. ¿Crees que son verdad? Coméntalo con un compañero.

Autor: Martín422

En un pueblo de mi provincia se declaró el verano pasado un gran incendio forestal. Para luchar contra el fuego, se movilizaron todos los medios de emergencia ____ : más de cien voluntarios, cuarenta bomberos, cinco helicópteros y un hidroavión. Tardaron cuatro días en controlar el incendio y dos más en apagarlo. Después, un equipo de técnicos fue al lugar para evaluar los daños. Hasta aquí todo normal. Pero la sorpresa llegó cuando los técnicos encontraron en medio del bosque el cadáver de un submarinista. ____ . La única explicación que se les ocurrió fue que el hidroavión, al ir al mar a llenar el depósito de agua, absorbió a un hombre ____ . El caso nunca llegó a aclararse completamente.

Autor: Anita

____ Cuando el hombre llegó a unos 3 kilómetros del pueblo, se encontró con un control de policía y lo hicieron parar. ____ pero en ese momento se produjo un accidente a unos 300 metros de aquel lugar y los guardias fueron hacia allí. Aprovechando el momento, el conductor huyó, llegó a su casa y metió el coche en el garaje. Unas dos horas después, ____ , la policía se presentó en su casa. El conductor negó los hechos. "He estado toda la noche en casa", les dijo. Pero los guardias le preguntaron por su coche. "¿Dónde está su coche, señor Martínez?" Los llevó hasta el garaje y cuando lo abrieron, encontraron el coche patrulla: ____ . Parece que cuando huyó ____ confundió el coche de la policía con su propio coche.

B. En los dos relatos se narran los hechos, pero faltan descripciones e informaciones sobre las circunstancias. ¿Podéis colocarlas en el lugar adecuado?

1. ...cuando el conductor estaba durmiendo
2. ...todavía tenía las luces encendidas
3. ...que estaban disponibles
4. ...una vez cerca de mi pueblo un hombre iba en coche hacia su casa. Estaba algo bebido y conducía muy rápido
5. ...estaba tan nervioso que
6. ...que estaba practicando pesca submarina
7. ...nadie podía creer lo que estaba viendo, ya que la playa más cercana está a más de 200 kilómetros
8. ...los policías le estaban pidiendo la documentación

C. ¿Conocéis otras historias curiosas?

10. ¡QUÉ CORTE! ⊕ P. 191, EJ. 13

A. Lee la anécdota que una chica de 17 años cuenta en su blog. ¿Por qué pasó vergüenza? ¿A ti te ha ocurrido algo parecido alguna vez?

> www.aprendiendodelavida.dif
>
> **Vestido apretado**
> Por Carolina A.
>
> Hace dos semanas me pasó una cosa terrible en la boda de una prima. Yo llevaba un vestido muy apretado. Casi no podía respirar, pero eso no me importaba porque el vestido era precioso.
>
> Llegó la hora de comer y, como tenía mucha hambre y todo estaba buenísimo, comí muchísimo y, claro, luego no podía ni moverme. Pero eso no fue lo peor. Resulta que se me rompió la cremallera del vestido, pero yo no me di cuenta porque estaba bailando con Daniel, un chico que me encanta. ¡Tuvo que venir mi hermana a decírmelo! ¡Pasé una vergüenza! Pero parece que a él le hizo mucha gracia... Unos días después de la boda me llamó para quedar y ahora ya hace dos semanas que estamos juntos.

B. Vas a escuchar a tres personas que empiezan a contar una anécdota. ¿Cómo crees que acaban?
53-55

C. Ahora escucha y comprueba.
56-58

11. EL MISTERIO DE SARA ⊕ P. 191, EJ. 12

59 Hace unos días, Sara fue a la casa de campo de sus padres. Escucha la audición y escribe lo que ocurrió cuando llegó. Usa diez de estas palabras como mínimo.

casa · coche · correr · luz · bosque · cerillas · copa · ojos verdes · vela · cocina · escalera · gato · piano · ruido · plato · puerta · romper

12. MOMENTOS ⊕ P. 192, EJ. 17; P. 193, EJ. 18

A. ¿Has vivido algún momento como los siguientes? Elige uno e intenta recordar las circunstancias y qué pasó. También puedes inventarte una historia.

- Un momento en el que te emocionaste mucho.
- Un momento en el que pasaste mucho miedo.
- Un momento en el que te reíste mucho.
- Un momento en el que te quedaste sin palabras.
- Un momento en el que pasaste mucha vergüenza.

Piensa en...
¿Dónde estabas? ¿Cómo era el lugar?
¿Con quién estabas?
¿Cuándo fue?
¿Qué estabas haciendo?
¿Qué tiempo hacía?
...

B. Cuéntaselo a tus compañeros. ¿Quién tiene la anécdota más interesante o más impactante? Podéis grabar vuestras intervenciones para evaluar vuestra producción oral.

• Yo una vez pasé mucho miedo escalando.
○ ¿Cuándo?
• Pues hace unos seis años. Yo estaba...

13. EL ORIGEN DE LAS COSAS P. 191, EJ. 14

A. Lee estas dos leyendas (una mexicana y otra guaraní). ¿Cuál te gusta más? ¿Por qué? Coméntalo con tus compañeros.

LEYENDAS

Todos los pueblos tienen su mitología, una serie de historias y leyendas que explican el origen de las cosas que los rodean. Resulta casi imposible saber en qué momento exacto nacieron muchas de estas historias, ya que siempre se han transmitido oralmente. En América Latina, la mitología de los pueblos indígenas es rica y muy variada, como lo son las diferentes culturas que poblaban el continente antes de la llegada de los europeos.

EL MURCIÉLAGO
(LEYENDA MEXICANA)

Hace muchos años, el murciélago era un animal feo y desgraciado, como lo conocemos ahora. Se llamaba biguidibela, que significa "mariposa desnuda". Como estaba desnudo y tenía mucho frío, pidió plumas al Creador. Pero este no tenía plumas. Por eso, le dijo: "Baja a la Tierra y pide en mi nombre una pluma a cada ave." Y así lo hizo el murciélago. Bajó a la Tierra y pidió plumas a las aves más bonitas.

De este modo, el murciélago se convirtió en un animal muy bello. A partir de ese momento, empezó a volar de aquí para allá, agitando sus hermosas alas. Incluso se dice que, una vez, de uno de los movimientos de su vuelo nació el arco iris.

Pero las otras aves empezaron a sentir envidia y por eso lo acabaron odiando. Subieron al cielo para hablar con el Creador. Le dijeron que el murciélago presumía todo el tiempo, que se burlaba de ellos y que, además, con una pluma menos tenían frío.

Entonces el Creador llamó al murciélago para ver cómo volaba y para entender por qué sus gestos ofendían tanto a las demás aves. El murciélago agitó tanto las alas que se quedó otra vez desnudo. Durante un día entero llovieron plumas desde el cielo.

Desde entonces, solo vuela por la noche en rápidos movimientos, intentando cazar plumas imaginarias. Y no se detiene porque no quiere mostrar a nadie lo feo que es.

B. Y en tu cultura, ¿hay leyendas de este tipo? Elige una y escribe un texto en español contando la historia con tus propias palabras. Puedes buscar información en internet.

LA YERBA MATE
(LEYENDA GUARANÍ)

Un día, Yasí, la Luna, decidió bajar a la Tierra con Arai, la nube rosada. Se convirtieron en dos hermosas mujeres y comenzaron a pasear por la selva.

Estaban disfrutando de su paseo nocturno cuando, de pronto, algo se movió detrás de un árbol. Era un jaguar que quería atacarlas…

En ese momento, apareció un indio guaraní y mató al jaguar con una flecha. Entonces, Yasí y Arai recuperaron instantáneamente su forma en el cielo.

Como Yasí y Arai debían su vida al indio, para recompensarle aparecieron una noche en sus sueños y le prometieron como premio una planta: la yerba mate, un regalo de la naturaleza para acabar con la fatiga y aligerar las penas.

⦿ VÍDEO

difusión
Diarios de Motocicleta
Dirigida por Walter Salles
Argentina - 2004

⊞ EN CONSTRUCCIÓN

¿Qué te llevas de esta unidad?

Lo más importante para mí:

....

....

Palabras y expresiones:

....

....

Algo interesante sobre la cultura hispana:

....

....

Quiero saber más sobre...

....

....

MÁS EJERCICIOS

Este es tu "cuaderno de ejercicios". En él encontrarás actividades diseñadas para fijar y entender mejor cuestiones **gramaticales** y **léxicas**. Estos ejercicios pueden realizarse individualmente, pero también los puede usar el profesor en clase cuando considere oportuno reforzar un determinado aspecto.

También puede resultar interesante hacer estas actividades con un compañero de clase. Piensa que no solo aprendemos cosas con el profesor; en muchas ocasiones, reflexionar con un compañero sobre cuestiones gramaticales te puede ayudar mucho.

EL ESPAÑOL Y TÚ

1. Completa con tu información.

---

1. Nombre:

2. País:

3. Profesión:

4. Otros idiomas:

5. ¿Por qué estudias español?
- ☐ Para conseguir un trabajo mejor.
- ☐ Porque tengo que hacer un examen.
- ☐ Porque tengo amigos españoles / latinoamericanos.
- ☐ Para conocer otra cultura, otra forma de ser.
- ☐ Porque quiero pasar un tiempo en algún país de habla hispana.
- ☐ Porque necesito el español para mi trabajo.
- ☐ Porque me gusta.
- ☐ Otros:

6. ¿Cuánto tiempo hace que estudias español?

7. ¿Qué cosas te gusta hacer en clase?
- ☐ Ejercicios de gramática.
- ☐ Actividades orales.
- ☐ Leer textos.
- ☐ Juegos.
- ☐ Trabajar en grupo.
- ☐ Traducir.
- ☐ Actividades con internet.
- ☐ Otros:

8. ¿Qué te cuesta más del español?
- ☐ Entender la gramática.
- ☐ Pronunciar correctamente.
- ☐ Recordar el vocabulario.
- ☐ Hablar con fluidez.
- ☐ Otros:

9. ¿Qué te gusta hacer en tu tiempo libre?

---

2. Completa las frases con **porque** o **para**.

Estudio español...

1. .... tengo amigos en España.

2. .... conseguir un trabajo mejor en mi país.

3. .... tengo un examen en la universidad.

4. .... pienso viajar por toda América.

5. .... entender las películas de habla hispana.

6. .... quiero pasar un tiempo en Argentina.

7. .... quiero trabajar en una empresa española.

8. .... mi novio es venezolano.

3. Escribe un texto como los del artículo de la actividad 3 (página 13) explicando cómo te sientes en clase de español (qué te gusta, qué no te gusta, qué te cuesta más, etc.).

4. Completa el texto conjugando en presente los infinitivos del recuadro.

levantarse	desayunar	tener
hablar	leer	ver	querer
vivir	estudiar	trabajar (2)

Jutta Schneider .... 38 años y hace cuatro que .... en Oviedo. Es profesora de alemán y .... en una escuela de idiomas. Tiene las mañanas libres y por eso .... un poco tarde y .... en un bar. .... toda la tarde hasta las ocho y por las noches .... un poco de español, ... la tele y ...., especialmente novelas de ciencia ficción. .... muy bien español y le gusta mucho España. Todavía no .... volver a Alemania.

5. Conjuga los verbos de este texto en primera persona del presente de indicativo y escribe debajo cuál es la profesión de María.

(levantarse) .... a las 8 h, (ducharse) ...., (vestirse) .... y sobre las 9 h (salir) .... de casa. (tener) .... la clínica muy cerca de mi casa, así que (poder) .... desayunar tranquilamente en un bar antes de abrir. (empezar) .... a trabajar a las 9:30 h y a mediodía (cerrar) .... de 14 a 16:30 h. Por la tarde (trabajar) .... hasta las 20 h. La verdad es que el día pasa bastante rápido porque me encanta mi trabajo. Desde pequeña (sentir) .... un cariño especial por los animales y poder ayudarlos es muy gratificante.

MARÍA es:

6. Escribe un texto como los de la actividad 4 de la página 14 explicando dónde vives, a qué te dedicas y cómo es tu rutina.

7. Escribe una pregunta posible para cada respuesta.

a. ....

Hace un año.

b. ....

Desde 2003.

c. ....

Desde hace 8 años.

d. ....

Dos semanas.

8. Escucha esta entrevista y completa las frases con la información que da la entrevistada.

1

Hace .... que vive en España.

2

Tiene una tienda de bicicletas desde hace

....

3

Habla español desde ....

4

Desde que .... ha aprendido mucho español.

5

Hace .... que no va a Alemania con su familia.

9. Subraya la opción correcta en cada una de las siguientes frases.

1. Me **cuesta** / **cuestan** aprender los verbos en español.
2. Para aprender vocabulario **va** / **van** muy bien leer.
3. Me **cuesta** / **cuestan** algunos sonidos del español como la jota y la erre.
4. A Peer y a mí nos **cuesta** / **cuestan** mucho entender a la gente.
5. Nosotros creemos que para recordar una palabra **va** / **van** bien escribirla.
6. A casi todos nos **cuesta** / **cuestan** hablar rápido.
7. Para estudiar **va** / **van** muy bien tener una gramática.
8. A Linnéa también le **cuesta** / **cuestan** las palabras muy largas.

10. ¿Qué recomiendas para solucionar estos problemas con el español?

| tienes que |
| lo mejor es |
| va muy bien |

buscar palabras en el diccionario.

traducir.

leer mucho.

repetir muchas veces la misma frase.

escuchar canciones y ver la tele.

hablar con españoles.

hacer muchos ejercicios.

perder el miedo y hablar mucho.

1. Para aprender vocabulario
2. Para entender a la gente
3. Para hablar con fluidez
4. Para practicar los verbos
5. Para no tener problemas con el orden de las palabras
6. Para pronunciar mejor
7. Para escribir correctamente

Para aprender vocabulario va muy bien leer mucho y buscar palabras en el diccionario.

....
....
....
....
....
....
....

11. Completa según tus propias experiencias.

1. Me siento ridículo/-a cuando ....
....

2. Me siento muy bien cuando ....
....

3. Me siento seguro/-a cuando ....
....

4. Me siento fatal cuando ....
....

5. Me siento inseguro/-a cuando ....
....

12. Relaciona cada uno de los siguientes problemas con la conversación correspondiente.

A hoy es el cumpleaños de mi novio y no me he acordado. ¡Me lo ha recordado un amigo suyo!

B me cuesta mucho concentrarme en clase

C tengo un dolor de espalda horrible

D me han cobrado 50 euros de más en la factura

E mis alumnos siempre llegan tarde a clase

F tengo problemas de insomnio

G tengo que encontrar un trabajo urgentemente

1.
- Últimamente ....
- Para eso va muy bien tomarse una tila antes de acostarse.

2.
- ¡Ya estoy harto! .... No sé qué hacer.
- Hombre, yo creo que tienes que hablar seriamente con ellos.

3.
- Desde hace unos días, ... No sé, duermo igual que siempre, pero me encuentro muy cansado.
- ¿Ah, sí? Un amigo mío toma unas pastillas que le recetó el médico para eso y le van muy bien.

4.
- Soy un desastre. ....
- ¿En serio? ¿Y por qué no te compras una agenda?

5.
- .... o no sé cómo voy a pagar el alquiler.
- Pues tienes que empezar a buscar, ¿no?

6.
- ¡Es increíble! .... ¡Y esta es la tercera vez!
- Hombre, pues tienes que cambiarte de compañía.

7.
- Hace unos días que ....
- Para eso lo mejor es nadar un poco todos los días.

13. Completa esta ficha con información cultural sobre países de habla hispana. Si lo necesitas, puedes buscar en internet.

Un/-a escritor/-a:

Un/-a director/-a de cine:

Un actor o una actriz:

Un músico o un grupo musical:

Un/-a pintor/-a, un/-a escultor/-a, un/-a arquitecto/-a:

Un plato / una bebida:

Un lugar que hay que visitar:

Una fiesta popular:

Un producto típico:

MÁS EJERCICIOS

8. Marca las formas del pretérito indefinido que encuentres en las frases de la actividad anterior y colócalas en el lugar correspondiente en el cuadro. ¿Puedes escribir el resto de formas?

REGULARES			IRREGULARES
LLEGAR	VENDER	RECIBIR	TENER
llegué	vendí	recibí	tuve
llegamos	vendimos	recibimos	tuvimos
COMPRAR	PERDER	ESCRIBIR	COMPONER
compraste	perdiste	escribiste	compusiste
comprasteis	perdisteis	escribisteis	compusisteis

9. Ordena cronológicamente las siguientes expresiones temporales.

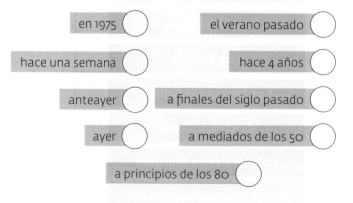

en 1975

el verano pasado

hace una semana

hace 4 años

anteayer

a finales del siglo pasado

ayer

a mediados de los 50

a principios de los 80

10. Completa las frases con información personal sobre tu pasado.

1. Empecé a estudiar español ....
2. Hace un año ....
3. Viajé por primera vez a otro país ....
4. En 2002 ....
5. Nací en ....
6. Ayer ....
7. .... fue la última vez que fui a una fiesta.
8. La semana pasada ....
9. El sábado pasado ....

11. Escribe tu currículum en español.

Nombre: ....
Apellido(s): ....
Pasaporte / DNI: ....
Lugar y fecha de nacimiento:
....

Formación académica

Experiencia laboral

Idiomas

Otros datos de interés

12. Completa las frases con **hace**, **desde**, **hasta**, **de**, **a**, **después** y **durante**.

1. Viví en Milán . . . . 2004 . . . . 2006.

2. Estudio español . . . . septiembre.

3. Encontré trabajo . . . . dos meses.

4. Trabajé como recepcionista . . . . enero . . . . julio de 2001.

5. Estuve en Mallorca . . . . la semana pasada.

6. Terminé la carrera . . . . cuatro meses.

7. Te esperé en el bar . . . . las siete.

8. Salgo con Miriam . . . . enero.

9. En 2000 me fui a vivir a Italia, pero dos años . . . . volví a España.

10. Llevan más de diez años casados; se conocieron . . . . el rodaje de una película.

13. Chavela Vargas es toda una leyenda de la canción mexicana. Lee su biografía y complétala conjugando en pretérito indefinido los verbos de las etiquetas.

empezar   aprender   irse   nacer   sentirse

. . . . en Costa Rica en 1919, pero de muy niña . . . . a vivir a México con su familia. Desde muy pronto . . . . atraída por la cultura indígena mexicana, ... sus ritos y ceremonias, su lenguaje y . . . . a vestirse como ellos.

empezar   hacerse   estar   mantener   tener

. . . . a cantar en los años 50, pero . . . . famosa sobre todo en los años 60 y 70. En esos años . . . . una gran amistad con personajes como el escritor Juan Rulfo, el compositor Agustín Lara o los pintores Frida Kahlo y Diego Rivera. A mediados de los 80, la cantante . . . . problemas de alcoholismo y por ese motivo . . . . alejada de los escenarios durante 12 años.

colaborar   hacer   publicarse   morir   regresar

Chavela . . . . al mundo del espectáculo gracias a su amigo Pedro Almodóvar, director de cine español: . . . . en las bandas sonoras de las películas *Kika* y *Carne trémula* e . . . . una breve aparición en *La flor de mi secreto*. En 2002 . . . . su autobiografía, que se titula *Y si quieres saber de mi pasado*. . . . . en agosto de 2012.

HOGAR, DULCE HOGAR

1. Busca en un portal inmobiliario de tu país dos viviendas que te gustan. Escribe dónde están, cuál es el precio y cuáles son sus características principales.

Vivienda 1

....

....

Vivienda 2

....

....

....

....

2. Imagina que quieres compartir tu piso. Tienes que describirlo para colgar un anuncio en el tablón de la escuela.

¡Comparto piso!

3. Observa estas dos fotografías y describe los muebles y los objetos que aparecen numerados.

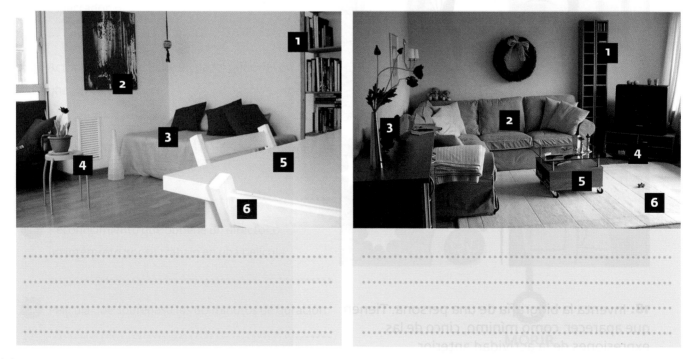

....

....

....

....

4. Escucha la descripción de este salón y escribe las tres cosas que no se corresponden con el dibujo.

1) La lámpara no está delante del frigorífico, está...

5. Estas son las casas de Pepe y Julio. Escribe al menos cinco frases comparándolas.

> **JULIO**
> - Ático de 100 m²
> - 700 euros al mes
> - 4 habitaciones
> - terraza de 20 m²
> - 2 balcones
> - 2 baños
> - a 3 minutos del centro

> **PEPE**
> - Piso de 90 m²
> - 500 euros al mes
> - 3 habitaciones
> - terraza de 25 m²
> - 2 balcones
> - 1 baño
> - a 10 minutos del centro

La casa de Pepe tiene menos habitaciones que la de Julio.

6. Lee las siguientes frases y reacciona de acuerdo con tu realidad.

1. En mi barrio hay muchos parques.
(Pues) en el mío no hay ninguno.

2. Mi casa tiene ocho habitaciones.

3. Mi habitación es muy ruidosa, porque da a una calle con mucho tráfico.

4. Mis padres viven muy cerca de mi casa.

5. En mi país alquilar un piso es muy caro.

6. En mi país casi todo el mundo compra una vivienda, no alquila.

7. Mi ciudad tiene más de un millón de habitantes.

7. Lee la siguiente lista. Son aspectos que se suelen considerar a la hora de elegir una vivienda. ¿Puedes añadir tres cosas más a la lista?

FACTORES PARA ELEGIR UNA VIVIENDA

Tipo de edificio   Tamaño del baño
Decoración   Tamaño de la cocina
Número de habitaciones   Luz
Tamaño del salón   Localización

....

....

....

8. ¿Qué aspectos de una vivienda son más importantes para ti? Escríbelo.

Para mí, el tamaño del baño es más importante que el tamaño de la cocina porque vivo solo y no cocino mucho...

9. Lee el siguiente texto. ¿Crees que tu casa sigue las normas del Feng Shui? Escribe los aspectos en los que sigue la teoría y aquellos en los que no.

Feng Shui

Es esencial estar en armonía con nuestro espacio para sentirnos bien en nuestros hogares y lugares de trabajo. Con las teorías y técnicas del Feng Shui, podemos organizar nuestro entorno, crear un ambiente equilibrado e influir positivamente en todos los aspectos de nuestra vida. Por eso, a la hora de decorar nuestras habitaciones, es importante tener en cuenta la orientación, las fuentes de energía y la ubicación de los muebles.

Consejos prácticos del Feng Shui

1. En el salón, la puerta y la ventana deben estar en paredes perpendiculares. Así, la energía que entra por la puerta puede circular por toda la habitación y salir por la ventana. Los sillones y los sofás deben estar al lado de una pared y lejos de las puertas y las ventanas.

2. El comedor no debe estar cerca de una corriente de energía; eso es malo para la digestión. Es bueno poner sobre la mesa flores y velas, porque atraen energía positiva.

3. La cocina no debe estar cerca de un baño. No es conveniente guardar los artículos de limpieza en la cocina, ya que pueden afectar a la energía de los alimentos. Los tonos amarillos pálidos van muy bien en la cocina porque dan una sensación de limpieza.

4. El baño no debe estar delante de la puerta principal para evitar el choque de energía. Si el baño tiene ventana, esta no debe estar sobre el lavabo.

5. Las habitaciones deben ser tranquilas. La cama debe estar orientada hacia el norte y no debe estar debajo de una ventana porque la corriente puede afectar al cuerpo. No es bueno tener plantas ni flores en la habitación. Tampoco aparatos eléctricos que pueden afectar el sueño. Los espejos deben estar dentro de los armarios porque el reflejo que proyectan puede crear energía negativa.

6. En los pasillos no debe haber muebles, ya que bloquean el paso de la energía.

MI CASA SIGUE LAS NORMAS DEL FENG SHUI PORQUE...	MI CASA NO SIGUE LAS NORMAS DEL FENG SHUI PORQUE...

SONIDOS Y LETRAS

10. Clasifica estas palabras según el sonido de las letras marcadas en negrita. Luego escucha y comprueba.

65

- al**qu**ilar
- **c**uadrado
- tu**y**o
- ha**y**
- **c**ocina
- habita**c**ión
- par**qu**é
- bal**c**ón
- terra**z**a
- aco**g**edor
- **c**lásico
- **g**usto
- **c**entro
- si**ll**a
- su**y**o
- co**j**ín

- **c**uadro
- afue**r**a
- **r**uidoso
- ba**r**ata
- pe**qu**eña
- **g**astar
- a**y**uda
- **j**ardín
- ima**g**inar
- espe**j**o
- **g**ente
- made**r**a
- ho**g**ar
- te**rr**aza
- os**c**uro
- **r**evista

COMO **C**ASA	COMO **Y**O	COMO PE**RR**O	COMO **J**AMÓN

COMO **C**INE	COMO I**S**LA	COMO PE**R**O	COMO **G**ATO

LÉXICO

11. Haz una lista de los tipos de casas más habituales en tu ciudad, región o país.
Escribe qué tipo de personas suelen vivir en ellas.

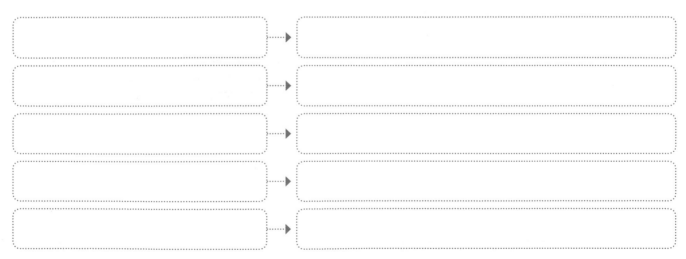

TIPO DE CASA	PERSONAS QUE VIVEN EN ESE TIPO DE CASA

MÁS EJERCICIOS

12. ¿En qué parte de la casa están normalmente estas cosas? Escríbelo. ¿Puedes añadir más cosas? Busca en el diccionario o en internet las palabras que no conozcas.

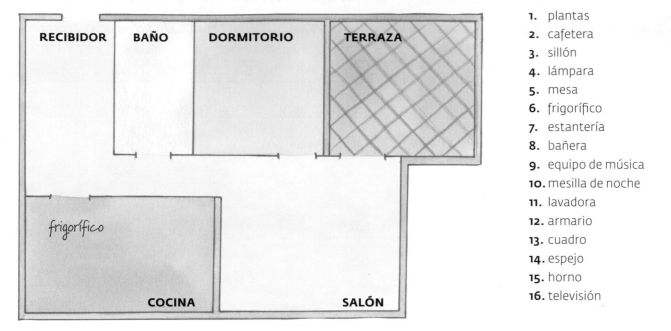

1. plantas
2. cafetera
3. sillón
4. lámpara
5. mesa
6. frigorífico
7. estantería
8. bañera
9. equipo de música
10. mesilla de noche
11. lavadora
12. armario
13. cuadro
14. espejo
15. horno
16. televisión

13. Clasifica las palabras anteriores en masculinas o femeninas. Añade el artículo indeterminado.

MASCULINO	FEMENINO
un sillón	una lámpara

14. ¿De qué material son estos muebles?

de madera · de tela · de cristal · de piel · de metal · de plástico

Mesa .... Mesa ....

Sofá .... Sofá ....

Silla .... Silla ....

15. Escribe las características de tu casa ideal.

Una casa...

con ....

sin ....

de ....

para ....

16. Completa con palabras o expresiones que recuerdas de esta unidad.

MUEBLES

MATERIALES

ACTIVIDADES QUE HACES EN CASA

COSAS IMPORTANTES CUANDO BUSCAS UN PISO

HABITACIONES

17. Busca en la unidad todas las palabras y expresiones que podemos usar con estos verbos y clasifícalas.

ES...	ESTÁ...	TIENE...	DA A...
acogedora	bien comunicada	una cocina americana	una calle con mucho tráfico

18. Mi vocabulario. Anota las palabras de la unidad que quieres recordar.

¿CÓMO VA TODO?

1. Escribe las formas de los verbos que faltan.

	TÚ	VOSOTROS	USTED	USTEDES
SABER	sabes	....	....	....
TENER	....	tenéis	....	....
COMPRAR	....	....	compra	....
VIVIR	vives	....	....	....
ESTAR	....	....	....	están
IR	....	vais	....	....
SER	....	....	es	....
HACER	haces	....	....	....
QUERER	....	....	....	quieren
COMPRENDER	....	comprendéis	....	....

2. Escucha estas frases. ¿Las personas se tratan de **tú** o de **usted**? Escribe en qué palabras lo notas.

66

	TÚ	USTED	PALABRA
1.		X	*desea*
2.			
3.			
4.			
5.			
6.			

3. ¿A qué infinitivos corresponden estos gerundios irregulares?

GERUNDIO		INFINITIVO
oyendo	→	....
cayendo	→	....
leyendo	→	....
construyendo	→	....
durmiendo	→	....
diciendo	→	....
vistiéndose	→	....
sintiendo	→	....
yendo	→	....
viniendo	→	....

4. Esta es una clase un poco especial. ¿Qué está haciendo cada persona? Escríbelo.

1. Vanessa *se está pintando las uñas.*

2. Mateo

3. Sam

4. Julia

5. Susan

6. Hans

7. John

8. Cristina

9. Yuri

10. La profesora

5. Escríbele una postal a un amigo que no ves desde hace algunas semanas y cuéntale qué estás haciendo estos días.

Querido/-a .... :

ESPAÑA CORREOS 0,90€

6. ¿Qué cosas estás haciendo en este curso de español? Escribe cinco más.

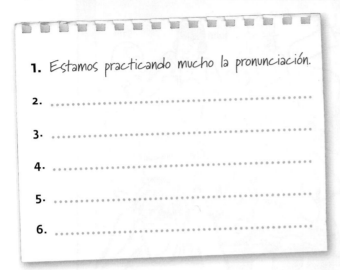

1. Estamos practicando mucho la pronunciación.
2. ....
3. ....
4. ....
5. ....
6. ....

7. Completa estas frases.

| dejarme | te importa si | me pone | puedo |
| me dejas | tienes |

1 ¡Disculpe! ¿ .... un cortado, por favor?

2 ¿ .... pongo algo de música?

3 Perdona, ¿puedes .... los apuntes de ayer?

4 Oye, ¿ .... un momento tu moto? Es que...

5 ¿ .... fuego?

6 ¿ .... usar este ordenador?

8. ¿Dónde crees que están las personas que dicen las frases de la actividad anterior?

1. ....
2. ....
3. ....
4. ....
5. ....
6. ....

9. ¿Cómo le pedirías estas cosas a un compañero de clase? Clasifícalas en la columna correspondiente.

- un poco de agua
- la goma de borrar
- un caramelo
- tu diccionario
- tu chaqueta
- fuego
- un bolígrafo
- cinco euros

¿ME DEJAS...?	¿ME DAS...?

10. Responde a estas peticiones de un amigo. Piensa una respuesta afirmativa y otra negativa con una excusa.

1. ¿Te importa si abro la ventana? ¡Hace un calor!

➕ ....

➖ ....

2. ¿Puedo usar tu teléfono un momento? Es una llamada muy corta.

➕ ....

➖ ....

3. ¿Me dejas tu diccionario?

➕ ....

➖ ....

4. ¿Tienes un euro?

➕ ....

➖ ....

5. ¿Puedo ponerme tu chaqueta? Tengo un frío...

+ ....

− ....

6. ¡Hola! Soy Carlos. Me abres y subo, ¿vale?

+ ....

− ....

7. ¡Me encantan estos caramelos! ¿Me das uno?

+ ....

− ....

8. ¿Te importa si me como el último chicle? Luego compro más, ¿vale?

+ ....

− ....

11. Lee este texto sobre las diferencias culturales relacionadas con la cortesía. Luego, marca si en tu cultura se hacen normalmente las cosas que aparecen en la tabla. Puedes comentar cada uno de los puntos en tu cuaderno.

La cortesía

Aunque la cortesía es un elemento presente en todas las culturas del mundo, cuando salimos de nuestro país nos damos cuenta de las diferencias que existen en este aspecto. Vamos a ver algunos ejemplos.

En España se da menos las gracias que en Estados Unidos. En un bar, por ejemplo, un español no suele dar las gracias al camarero cuando este le sirve una consumición. En Estados Unidos, en cambio, es normal acabar una conversación telefónica diciendo "Gracias por llamar".

Otro ejemplo: el revisor de los ferrocarriles en Holanda intercambia cada día miles de "gracias" con los viajeros al recibir y entregar los billetes. En España, en cambio, los revisores suelen ahorrárselo por completo.

Y algo muy curioso: algunas lenguas, como el botswana (lengua indígena del Sur de África), no tienen fórmulas lingüísticas para agradecer. Lo hacen mediante gestos.

Este tipo de diferencias puede dar lugar a malentendidos de tipo cultural. El comportamiento de los españoles, por ejemplo, puede parecer descortés a holandeses o a americanos, mientras que los españoles pueden pensar que los holandeses y los americanos son, en algunos casos, exageradamente corteses.

Adiós, ¡gracias por llamar!

	SÍ	NO
Cuando un camarero nos sirve una bebida, damos las gracias.		
Cuando alguien nos llama por teléfono, le damos las gracias al acabar la conversación.		
Los revisores de tren piden los billetes por favor y dan las gracias cuando los devuelven.		
Cuando una madre le sirve la comida a su hijo, este le da las gracias.		
Cuando alguien viene a trabajar a nuestra casa (un canguro, alguien que limpia, etc.) le damos las gracias cuando se va.		

12. Esta es la pirámide de la formalidad. En cada nivel, escribe dos frases para expresar lo siguiente:

1. Pedir un favor; por ejemplo, pedir una bicicleta para hacer una excursión.

2. Pedir permiso; por ejemplo, para quitarte los zapatos.

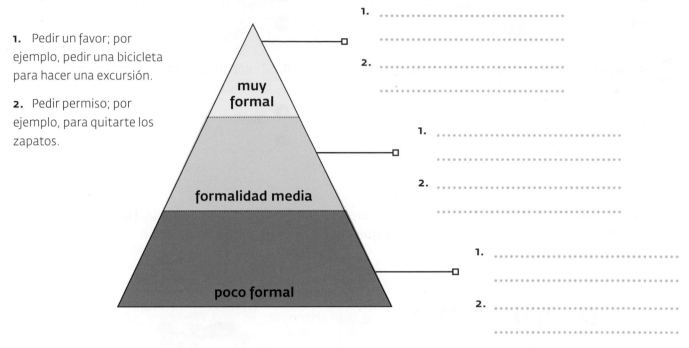

1. ....

....

2. ....

....

1. ....

....

2. ....

....

1. ....

....

2. ....

....

SONIDOS Y LETRAS

El sonido de p, t **y** k

En alemán o inglés, por ejemplo, los sonidos **p**, **t** y **k** se pronuncian de manera aspirada, es decir, con un soplo de aire. En español no sucede lo mismo. Para practicar, coloca la palma de la mano a unos centímetros de la boca y pronuncia las palabras **papá**, **tarta** y **color**. Si notas el aire en la palma, relaja la pronunciación.

13. Escucha estas palabras y marca si las pronuncia Susan o Susana.

67

	SUSAN (NUEVA YORK)	SUSANA (VALENCIA)
papá		
cuánto		
tiempo		
quedamos		
pedir		
camarero		
fantástico		
tener		
contacto		
puerta		

14. Lee estos trabalenguas en voz alta y practica su pronunciación. Luego escucha y comprueba.

68

Pepe Pecas pica papas con un pico. Con un pico pica papas Pepe Pecas.

Si verte fuera la muerte y no verte tener vida, prefiero la muerte y verte, que no verte y tener vida.

El que poco coco come, poco coco compra; como yo poco coco como, poco coco compro.

LÉXICO

15. Con estos elementos forma expresiones para saludarse y despedirse.

hasta	luego	nos	vemos	cómo
tal	qué	va	todo	mañana
qué	cómo	estás	hasta

....

....

....

....

....

....

16. Clasifica las expresiones de la actividad anterior en saludos o despedidas.

SALUDOS	DESPEDIDAS

17. Mi vocabulario. Anota las palabras de la unidad que quieres recordar.

8. Imagina que hace un mes una pitonisa pronosticó estos sucesos en tu vida profesional y personal. ¿Se han cumplido?

Te veo con un micrófono en la mano... No se ve bien qué haces... Hay público... ¿Es una conferencia? ¿O estás cantando?

Te veo... hay preocupación en tu mirada; son problemas de trabajo...

Veo aviones, maleta, hoteles... Veo una playa...

Veo que aparece una persona nueva en tu vida.

Ahora veo mucho humo... algo se quema... cerca de tu casa.

Veo una consulta de un médico. No sé de qué se trata, pero se ve que no es grave...

Te espera un mes muy activo y muy especial.

1. La pitonisa (no) ha acertado porque

2.

3.

4.

5.

6.

7.

9. Aquí tienes una serie de titulares de periódico. Escribe qué ha pasado en cada caso.

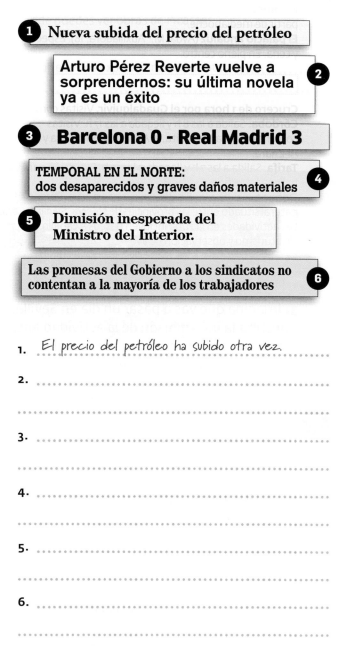

1 Nueva subida del precio del petróleo

2 Arturo Pérez Reverte vuelve a sorprendernos: su última novela ya es un éxito

3 Barcelona 0 - Real Madrid 3

4 TEMPORAL EN EL NORTE: dos desaparecidos y graves daños materiales

5 Dimisión inesperada del Ministro del Interior.

6 Las promesas del Gobierno a los sindicatos no contentan a la mayoría de los trabajadores

1. El precio del petróleo ha subido otra vez.

2.

3.

4.

5.

6.

10. Te ha tocado un viaje de 15 días en una paradisíaca isla caribeña. ¿Qué cosas vas a hacer allí? Escríbelo.

Voy a tomar el sol todos los días.

11. Vuelve a escuchar a Andrea hablando de sus planes en Valencia y completa el texto.

69

- .... la ciudad a fondo y aún no domino mucho el español, así que .... a clases diarias de español.

- .... mejor la historia de España y tomar algunas clases optativas de historia.

- .... por ahí y conocer mucha gente.

12. Aquí tienes el diario de viaje de Carmen en Argentina. Subraya las experiencias (lo que ha hecho) y los planes (lo que va a hacer). Después, escríbelo en los cuadros.

Jueves 14 de mayo. Buenos Aires

Hace una semana que estamos en Argentina y me siento como en casa. No solo por el idioma, claro. La gente es muy agradable. Esta semana he comido más carne que en toda mi vida y hoy he probado la cerveza argentina Quilmes; no está mal. Ya hemos visto lo que debe ver un turista aquí: la plaza de Mayo, la Casa Rosada, el barrio de San Telmo y el Caminito, en el barrio de La Boca. Esta mañana he ido al cementerio de La Chacarita y he visitado la tumba de Carlos Gardel. Esta noche vamos a ver un espectáculo de tango en una tanguería de San Telmo. Dentro de un par de días nos vamos a ir a Ushuaia. ¡Por fin voy a ver el fin del mundo!

Sábado 16 de mayo. Ushuaia

¡Ya estamos aquí! La naturaleza es fascinante. Tan verde, tan pura... Hemos hecho una excursión en barco y he visto montones de focas (¡¡en vivo y en directo!!). Como es verano, no hay pingüinos todavía. Esto es tan bonito que vamos a quedarnos un par de días más aquí y después vamos a ir en avión a Río Gallegos para ver el Perito Moreno. De allí vamos a hacer una excursión a Península Valdés para ver las ballenas. He recibido un correo electrónico de Cecilia, que está también por aquí de vacaciones. Mañana nos vamos a ver y nos va a presentar a su novio argentino.

EXPERIENCIAS
Ha comido mucha carne.

PLANES
Va a ver un espectáculo de tango.

SONIDOS Y LETRAS

13. Un mismo sonido se puede escribir con letras diferentes. Escucha estas palabras y clasifícalas según su sonido: /k/ o /θ/.

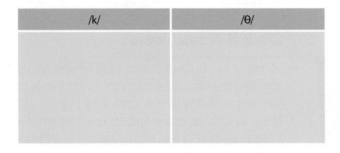

discote**c**a   **c**lásico   o**c**io
copa   **k**árate   Vene**z**uela
ex**c**ursión   Nueva Yor**k**   Igua**z**ú
Cuba   karao**k**e   **z**oo
có**c**tel   anora**k**   tra**z**o
cerrado   **qu**edar   die**z**
cono**c**er   **qu**é   ve**z**
ciudad   **qu**ien   ve**c**es
cine   al**qu**ilar   naturale**z**a
cenar   dire**c**to

/k/	/θ/

14. Fíjate en la clasificación de las palabras de la actividad anterior y completa ahora la regla ortográfica.

> **sonido /k/**
> Se escribe **c** delante de **a**, ... y ....
> También se escribe **c** en posición final de sílaba.
> Se escribe **qu** delante de las vocales .... e
> ....
> Se escribe .... en algunas palabras procedentes de otras lenguas.
>
> **sonido /θ/**
> Se escribe **z** delante de ...., **o** y ....
> También se escribe **z** en posición final de sílaba y en posición final de ....
> Se escribe **c** delante de las vocales .... e
> ....

LÉXICO

15. Escribe los horarios habituales de estos establecimientos en tu país.

1. banco ....
2. escuela ....
3. discoteca ....
4. restaurante lujoso ....
5. bar de copas ....
6. oficina de correos ....
7. centro médico ....
8. tienda de ropa ....
9. restaurante de comida rápida ....
10. supermercado ....
11. frutería ....
12. biblioteca ....
13. gimnasio ....
14. oficinas del ayuntamiento ....

16. Escribe palabras que conoces relacionadas con estos temas. Puedes buscarlas en la unidad.

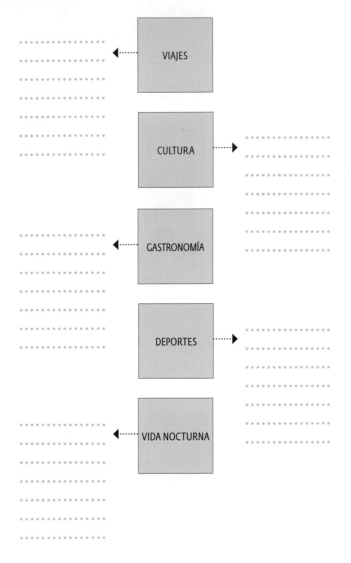

VIAJES

CULTURA

GASTRONOMÍA

DEPORTES

VIDA NOCTURNA

17. ¿Qué cosas haces cuando vas de viaje? Escribe en tu cuaderno tus cinco preferidas.

1. *Probar la comida típica del lugar.*

2.

3.

4.

5.

18. Escribe las actividades de ocio favoritas de personas que conoces.

Mi madre: leer.

19. ¿A qué lugares corresponden estas definiciones? Las palabras salen en la unidad.

1. Terreno con plantas y árboles que se usa como lugar de recreo.

2. Lugar en el que se exponen objetos de valor artístico, científico o cultural.

3. Lugar donde se venden cosas.

4. Establecimiento sencillo en el que se sirven comidas y bebidas.

20. Mi vocabulario. Anota las palabras de la unidad que quieres recordar.

NO COMO CARNE

1. ¿Cuánto cuestan estos productos en tu país? Puedes consultar la web de algún supermercado en internet.

PAN 1 barra .... €

BISTEC de ternera 300 gr .... €

HUEVOS 1 docena .... €

QUESO 250 g .... €

PATATAS bolsa de 2 kg .... €

TOMATES 1 kg .... €

ARROZ paquete de 1 kg .... €

GEL DE DUCHA 750 ml .... €

MANZANAS 1 kg .... €

LECHE cartón de 1 litro .... €

2. Tienes que hacer la compra para un día y vas al supermercado de la página 72, pero solo tienes 10 euros. ¿Qué vas a comer y qué vas a comprar? Escribe la lista de la compra.

MIS COMIDAS DE HOY	MI LISTA DE LA COMPRA
Comida:	
Cena:	

3. ¿Sabes la receta de un plato fácil de preparar? Puede ser uno típico de tu país. Escríbela en tu cuaderno.

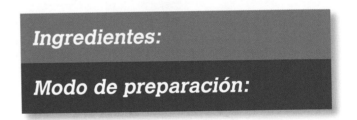

Ingredientes:

Modo de preparación:

4. ¿Qué hay que hacer para llevar una vida sana? Escribe cinco consejos que consideras importantes.

1. Hay que *hacer ejercicio físico* ....

2. Tienes que ....

3. Tienes que ....

4. Hay que ....

5. Tienes que ....

6. Hay que ....

5. ¿Quieres conocer a un cocinero famoso en España? Lee este pequeño texto.

Karlos Arguiñano es un cocinero muy conocido en España y en Argentina gracias a sus programas de televisión. El cocinero vasco, que tiene su restaurante en Zarautz (Guipúzcoa), lleva en el mundo de la cocina desde los 17 años, pero su enorme éxito televisivo le ha dado la oportunidad de dedicarse a otras actividades, como escribir libros, abrir su propia escuela de cocina o incluso participar como actor en alguna que otra película. Con una manera de comunicarse inconfundible, Arguiñano ha conquistado a todo tipo de público y ha creado un nuevo estilo en la manera de hacer programas de cocina. Su fórmula consiste en explicar paso a paso platos sencillos con muchísima simpatía y naturalidad: cuenta chistes, anécdotas, canta... Igual que cualquiera que se encuentra en su casa cocinando tranquilamente.

6. Aquí tienes algunos trucos del famoso cocinero de la actividad anterior. Complétalos con los pronombres de objeto directo (**lo**, **la**, **los**, **las**) que faltan.

1. La sopa, _la_ prepara con caldo de pollo.

2. La lechuga, ... limpia bien y ...... mantiene sin aliñar hasta el momento de servirla.

3. Los champiñones, ... prepara con cebolla, ajo y vino tinto.

4. El atún, ... acompaña con mayonesa, cebolla picada y tomate.

5. Las patatas, ... lava muy bien, ... envuelve en papel de aluminio y ...... deja en el horno 30 minutos.

6. Los plátanos, ... utiliza para preparar macedonias, batidos e incluso licores.

7. La paella, ... cocina con marisco y pollo, y con un caldo muy concentrado.

8. Las fresas, ... guarda en la nevera. Así duran de 5 a 6 días.

9. El café, ... guarda en un recipiente de cristal o de porcelana y ...... protege de la luz.

10. Las botellas de vino tinto, ... destapa media hora antes de su consumo para ventilarlas un poco.

7. Escribe un pequeño texto sobre un cocinero famoso en tu país. Busca información en internet.

SONIDOS Y LETRAS

Para algunos hispanohablantes las consonantes **z** y **c** (delante de **e** e **i**) se pronuncian como una **s**. Esto pasa en los países hispanoamericanos, en las Islas Canarias y en algunas zonas del sur de España.
La **ll** y la **y** se pronuncian de manera muy distinta en algunos países del sur de América, como Argentina, Uruguay y Chile.

14. Escucha, compara la pronunciación de **c** y **z** y marca de dónde son las personas que hablan.

71

	VALLADOLID	BOGOTÁ
1. ¿Te apetece una cerveza en esta terraza?		
2. Hay que comprar arroz, cereales, manzanas y azúcar.		
3. No me gusta el chorizo, pero a veces lo como.		
4. El queso Idiazábal tiene denominación de origen.		
5. Necesito la receta para hacer el gazpacho.		

15. Haz lo mismo con la pronunciación de **y** y **ll**. ¿De dónde son las personas que hablan?

72

	BARCELONA	BUENOS AIRES
1. Yo voy a pedir pollo al ajillo.		
2. Siempre desayuno un yogur y galletitas.		
3. No me gusta nada la tortilla con cebolla.		
4. ¿Nos llevamos bocadillos a la playa?		

LÉXICO

16. Relaciona los verbos con las ilustraciones.

1. cocer	**2.** hacer a la plancha	**3.** pelar
4. calentar	**5.** asar	**6.** cortar	**7.** congelar
8. echar	**9.** lavar	**10.** batir	**11.** freír

17. Escribe en tu cuaderno qué se hace normalmente con estos productos.

las patatas	las naranjas	el arroz
el pescado	la carne	los huevos
el melón	la leche	la pasta

Las patatas se lavan y se pelan. Se pueden freír, se pueden asar, pero nunca se hacen a la plancha.

18. Relaciona. Puede haber varias opciones.

una barra ▪
una lata ▪
una docena ▪
un paquete ▪
un trozo ▪
una tableta ▪
una botella ▪
un cartón ▪
una caja ▪
una bolsa ▪

▪ de café
▪ de bombones
▪ de vino
▪ de queso
▪ de huevos
▪ de chocolate
▪ de atún
▪ de patatas fritas
▪ de leche
▪ de pan

19. ¿A qué alimento se refieren estas descripciones?

> Es una fruta amarilla que se usa para condimentar ensaladas y para cocinar. También se puede poner en algunas bebidas, por ejemplo, en el té.

> Es un condimento de color blanco que se pone en casi todas las comidas para darles más sabor. Casi siempre está en la mesa junto a la pimienta, el aceite y el vinagre.

> Es una bebida alcohólica, normalmente de color dorado, que se toma fría y que tiene espuma. Se hace con cereales.

> Es una fruta roja y pequeña. A veces se come con nata. También se usa para hacer mermelada, pasteles y helados.

20. Describe en tu cuaderno estos cuatro alimentos.

naranja   chocolate   champán   mayonesa

21. Escribe estas cantidades en letras.

1. 1/2 kg _medio kilo_ ....
2. 78 kg ....
3. 33 cl ....
4. 355 g ....
5. 1/4 kg ....
6. 750 ml ....
7. 6 l ....
8. 1/2 l ....
9. 900 g ....

22. Mi vocabulario. Anota las palabras de la unidad que quieres recordar.

NOS GUSTÓ MUCHO

1. Escucha esta conversación entre dos amigos y complétala con las expresiones que faltan.

73

- Mira, y esto son las cataratas de Iguazú. .... Estás en medio de la selva, rodeado de cascadas de agua...
- ○ Sí, la foto es superchula. ¿Y esto qué es?
- Son las misiones jesuíticas de San Ignacio. Fuimos allí después de las cataratas, y el lugar .... Esta puerta se conserva bastante bien.
- ○ Sí, ...
- Y aquí, haciendo una excursión por la zona fronteriza entre Argentina y Chile, en Los Andes. Subimos a un lugar que está a más de 4000 metros de altura. .... Y en pleno verano, ¿eh? Pero ....
- ○ Ay, y esto son pingüinos, ¿no?
- Sí, dimos un paseo al lado del mar y vimos muchos pingüinos. .... muy curioso. Esto es en la península de Valdés, una zona donde hay muchos animales de esos: pingüinos, lobos marinos...
- ○ ....

2. ¿Qué te gustaría hacer...

1. hoy?

Me gustaría
....

2. la próxima semana?

....

3. después de este curso de español?

....

4. el año que viene?

....

5. dentro de diez años?

....

6. después de jubilarte?

....

3. Lee otra vez los textos de la actividad 3 (pág. 85) y escribe unos textos parecidos describiendo tu disco, libro y película favoritos. Puedes buscar información en internet.

DISCO
Título:
Autor/-a:
Descripción:

LIBRO
Título:
Autor/-a:
Descripción:

PELÍCULA
Título:
Autor/-a:
Descripción:

4. Completa estas frases conjugando los verbos en pretérito perfecto o en pretérito indefinido. Fíjate en los marcadores temporales.

1

- Ayer Edith y yo (ir) .... al teatro.
- ¿Sí? ¿Qué (ver) .... ?
- Una obra muy divertida de Lope de Vega. Nos (encantar) ....

2

- Andrés, ¿(estar) .... alguna vez en Granada?
- No, nunca. (estar) .... muchas veces en Andalucía, pero nunca en Granada.

3

- ¿Qué tal ayer? ¿Qué os (parecer) .... la exposición? ¿Os (gustar) .... ?
- A mí no me (gustar) .... demasiado.
- A mí tampoco me (parecer) .... muy buena, la verdad.

4

- El mes pasado mi marido y yo (ir) .... de vacaciones a Argentina.
- ¿Y qué tal?
- Fantástico. (pasarlo) .... muy bien.

5

- ¿Conocéis el restaurante Las Tinajas?
- Yo no, no (estar) .... nunca.
- Yo sí, (ir) .... hace dos semanas y no me (gustar) .... nada. Además, me (parecer) .... carísimo.

6

- ¿Y tú, Marcos, (estar) .... alguna vez en el museo Guggenheim?
- Sí, sí que (estar) .... (estar) .... por primera vez cuando lo inauguraron y luego (volver) .... hace dos años.

7

- ¿Qué te (parecer) .... el concierto de ayer?
- Un rollo. No me (gustar) .... nada.

8

- ¿Qué tal el viernes? ¿Adónde (ir) .... ?
- (ir) .... a un bar del centro, El Paquito.
- Lo conozco, me encanta. ¿Qué te (parecer) .... ?
- Me (encantar) .... Es genial.

5. Escribe las formas correspondientes en pretérito perfecto o indefinido.

PRETÉRITO PERFECTO	PRETÉRITO INDEFINIDO
han dormido	durmieron
	fuimos
he visto	
	quiso
habéis tenido	
	salieron
ha habido	
has puesto	
he venido	

6. Escribe frases sobre ti usando estos marcadores temporales.

esta mañana   ayer   este año   nunca

esta semana   el año pasado   muchas veces

alguna vez   anteayer   hoy   el otro día

Esta mañana he ido al dentista.

7. Este es el diario de Ricardo. Léelo y completa las frases usando **parecer**, **gustar**, **encantar**...

Martes **6** de marzo

Facultad: clase de Historia con Miralles, el profesor nuevo, muy interesante.

He intentado leer un artículo sobre la Bolsa, ¡qué cosa tan aburrida!

Exposición en el Centro de Arte Moderno, fotografías abstractas, un horror.

Al cine con Alberto: "El cielo gira". Buenísima, la mejor película que he visto este año.

Cena en un restaurante nuevo del centro, el Bogavante azul. El local es muy bonito y la comida no está mal, pero nada especial. Hemos ido Alberto, su novia Azucena y una amiga suya, Margarita... guapa, inteligente, simpática.

Fue a clase de Historia. *Le pareció*

Intentó leer un artículo de economía.

Fue a una exposición de fotografía.

Fue al cine a ver *El cielo gira*.

Fue a un restaurante nuevo.

Conoció a la amiga de Azucena.

8. Relaciona estas frases con su continuación lógica.

1. Ana y Andrés me cayeron muy bien,
2. Los cuadros de la exposición no me gustaron mucho,
3. El restaurante me encantó,
4. La hermana de Sergio me cayó muy bien,
5. El museo no me gustó mucho,
6. No me gustó cómo habló Matilde,

a. no son especialmente buenos.
b. son muy simpáticos.
c. es una maleducada.
d. es muy divertida.
e. no es muy interesante.
f. la comida es buena y el ambiente, muy agradable.

1	2	3	4	5	6

9. Elige el pronombre correcto en cada caso.

1

- Ayer vimos *Mar adentro*. A mí me encantó, pero a Alfredo **la** / **le** / **se** pareció un rollo.

2

- El sábado fuimos al parque de atracciones y los niños **le** / **se** / **les** lo pasaron fenomenal.
- Pues a mis hijos no **les** / **los** / **le** gustó nada, no sé por qué.

3

- ¿Qué te parece la novia de Óscar?
- Pues **le** / **la** / **los** he visto solo una vez, pero **te** / **me** / **se** pareció muy maja.

4

- ¿Qué **te** / **le** / **les** ha parecido el vestido a tu madre?
- **La** / **Lo** / **Le** ha gustado pero dice que es demasiado serio, así que creo que **lo** / **la** / **los** voy a devolver.

5

- ¿Qué tal la cena del sábado?
- Pues no me **lo** / **le** / **se** pasé muy bien, la verdad. Es que vino también Alicia y ya sabes que **la** / **le** / **me** cae fatal.

10. Tristán, el protagonista de la actividad 8 de la página 91, tiene un hermano gemelo, Feliciano, que es alegre, optimista y siempre está de buen humor. Escribe cómo sería un email suyo contando lo que hizo el sábado pasado.

Querido amigo Leoncio:

Qué sabado tan fantástico...

SONIDOS Y LETRAS

Las frases exclamativas

Expresan una emoción o actitud ante algo (sorpresa, alegría, enfado, etc.). También se usan para influir sobre los demás. Tienen una entonación enfática pero descendente.

Se representan con los signos ¡ !.

11. ¿Las siguientes frases son declarativas o exclamativas? Escúchalas y coloca los signos de puntuación necesarios (. / ¡ !).
74

1 .... Ayer cené en un restaurante buenísimo....

2 ....Me lo pasé genial en la fiesta....

3 ....Hemos estado en Málaga....

4 ....Me encantó esa película....

5 ....Los padres de Marta me caen fatal....

6 ....*El señor de los anillos* es mi película favorita....

7 ....Es la ciudad más bonita del mundo....

8 ....Ayer no fui a clase....

9 ....Me pareció excelente....

10 ....Tu novia me cayó muy bien....

12. Fíjate en las frases declarativas de la actividad anterior y léelas como si fueran exclamativas. Después, escucha el audio y comprueba si lo has hecho igual.
75

LÉXICO

13. Busca adjetivos en la unidad para valorar y describir estas cosas y escríbelos en el cuadro.

LUGARES	PELÍCULAS	LIBROS

14. Reacciona a estas situaciones usando una frase exclamativa con **qué**. Utiliza estos adjetivos y sustantivos.

caro   envidia

suerte   pena   interesante

1. Esta tarde me voy a hacer un masaje de 2 horas.

....

2. Mi novia es actriz. Ha participado en muchas películas.

....

3. A mi padre le ha tocado la lotería... ¡dos veces!

....

4. ¿Te gusta este pañuelo? Es una edición limitada de Hermès. Cuesta 1200 euros.

....

5. Finalmente no me han dado el empleo.

....

15. Completa cada frase de manera lógica con una de las siguientes palabras.

bien	increíble	buenísima	buenísimo

rollo	genial	maravilla

1. El verano pasado me lo pasé ....

2. El domingo conocí a los padres de Elena y me cayeron muy ....

3. La película me pareció un ....

4. Estuvimos en el Taj Mahal. ¡Ese lugar es una .... !

5. Ver el atarceder desde esa playa es una experiencia ....

6. Prueba la paella. Está ....

7. Es un libro .... Lo leí de un tirón en una noche.

16. Completa con información sobre ti.

1. Un lugar donde me lo pasé fenomenal:

....

2. Una comida buenísima:

....

3. Una persona que me cae muy bien:

....

4. Una película que me encantó:

....

5. Un lugar maravilloso:

....

6. Un museo que me gusta mucho:

....

17. Mi vocabulario. Anota las palabras de la unidad que quieres recordar.

ESTAMOS MUY BIEN

1. Lee el texto de la actividad 2 de la página 96. Luego, relaciona elementos de las dos columnas para formar frases coherentes.

Para cuidar los ojos...	tienes que ponerte gafas de sol en verano.
Para proteger el pelo del sol...	tienes que comer muchas frutas y verduras.
Para cuidar los pies...	caminar 30 minutos al día.
Es muy bueno para las piernas...	lo mejor es dormir de lado.
Hacer natación va bien...	para fortalecer la espalda.
Para cuidar la espalda...	debes utilizar siempre un calzado cómodo.
Si quieres tener un pelo sano...	tienes que cubrirte la cabeza con un gorro.

2. ¿Qué podemos hacer para llevar una vida sana? Busca información en internet y completa las frases.

Debes ....

Tienes que ....

Intenta ....

Es bueno ....

No es bueno ....

Puedes ....

Lo mejor es ....

3. Elige la opción adecuada en cada caso.

1. No se encuentra bien, ... la cabeza.

☐ tiene dolor de ☐ le duelen ☐ le duele

2. Mónica no se encuentra bien, ha venido en barco de Mallorca y está muy ....

☐ mareado ☐ mareada ☐ mareo

3. Ha caminado cinco horas con unos zapatos nuevos y, claro, ahora .... los pies.

☐ tiene dolor de ☐ le duelen ☐ le duele

4. ¡Cómo .... las piernas! Voy a sentarme un rato.

☐ tengo dolor de ☐ me duelen ☐ me duele

5. Han comido mucho y ahora .... estómago.

☐ tiene dolor de ☐ les duele ☐ le duelen

6. Óscar tiene que ir al médico, está ....

☐ enferma ☐ enfermedad ☐ enfermo

4. Escribe estas preguntas en la conversación correspondiente.

> Tienes mala cara. ¿Estás bien?

> ¿Y te duele mucho?

> ¿Qué te pasa?

> ¿Qué tal? ¿Estás mejor?

> ¿Qué te ha pasado?

1
- ¿Tú no comes nada? ....
- ○ No, nada, es que estoy cansada y no tengo hambre.

2
- ¡Uy! ....
- ○ Que me he caído de la escalera y me he roto un dedo, ya ves...
- ¡Vaya! ....

3
- ....
- ○ Sí, un poco. Ya no tengo fiebre.
- Bueno, me alegro.

4
- ....
- ○ No es nada, es que anoche estuve toda la noche de fiesta y no he dormido, y estoy muerto de sueño.

5. Escribe qué problemas de salud sueles tener y qué haces para prevenirlos o para curarte.

PROBLEMAS	¿QUÉ HAGO?

6. Lee el siguiente texto sobre el estrés. Luego escribe cuáles son, según el texto, las causas y las posibles soluciones.

LA ERA DEL ESTRÉS

Las personas que nunca han sufrido estrés son una especie en extinción. La mayoría de la población asegura que lo padece o que lo ha padecido en algún momento de su vida.

LOS PROBLEMAS EN EL TRABAJO

Problemas laborales, familiares y de salud son las tres causas principales de este trastorno, según un estudio de la Organización de Consumidores y Usuarios. Pero no son las únicas. Vivir un acontecimiento personal importante, los problemas financieros, el rendimiento escolar o el tráfico son también circunstancias que normalmente generan estrés.

Para combatirlo, un 1% de los afectados recurre a los medicamentos. Aunque generalmente no lo consideran una medida muy satisfactoria ni eficaz, resulta más cómodo que otros remedios. Entre ellos, destacan hacer deporte, cambiar el estilo de vida e ir a terapia con un especialista.

CAUSAS	SOLUCIONES

7. Completa con el presente de **ser** y **estar**.

1. Alicia .... una mujer extraordinaria.

2. No quiero salir. .... cansado.

3. ¡La ventana .... abierta! ¿Quién la ha dejado así?

4. ¿Dónde .... el jersey amarillo? .... el que más me gusta y no lo encuentro.

5. Mi marido .... alemán, de Dortmund.

6. ¿Quién .... esa chica que .... sentada ahí?

7. La casa .... muy desordenada, mis hijos .... un desastre.

8. Mi jefa .... una mujer muy dinámica pero trabaja demasiado y .... siempre agotada.

9. .... un pueblo muy bonito, pero .... muy lejos de la ciudad.

8. ¿Cuáles de las palabras de la primera columna pueden acompañar al verbo **ser**, cuáles al verbo **estar** y cuáles a ambos? Márcalo y escribe un ejemplo para cada caso.

	SER	ESTAR	EJEMPLOS
bueno/-a	X	X	La última película de Spielberg es muy buena. Esta sopa está muy buena.
guapo/-a			
bien			
cansado/-a			
raro/-a			
arquitecto/-a			
estresado/-a			
triste			

9. Completa con las formas del imperativo afirmativo.

	COMPRAR	COMER	VIVIR
(tú)			
(vosotros/ vosotras)			
(usted)			
(ustedes)			

	PENSAR	DORMIR	PEDIR
(tú)			
(vosotros/ vosotras)			
(usted)			
(ustedes)			

10. ¿A qué infinitivo corresponde cada una de estas formas del imperativo? Escríbelo.

1. Haz ⟶ *hacer*
2. Pon ⟶
3. Ven ⟶
4. Di ⟶
5. Sé ⟶
6. Ve ⟶
7. Sal ⟶

11. Estas son frases de algunas campañas de salud. Complétalas con el verbo adecuado en imperativo, en la forma **tú**.

ser	usar	beber	comer

pensar	hacerse	respetar	disfrutar

1. **Campaña contra el calor:** ¿No tienes sed? No importa, ... agua.

2. **Campaña de prevención de enfermedades de transmisión sexual:** .... sin riesgo. .... preservativo.

3. **Campaña de seguridad vial:** .... las señales.

4. **Campaña contra la anorexia:** .... en ti, no en los demás. .... para vivir.

5. **Campaña de prevención contra el cáncer:** Un día puede ser demasiado tarde. .... precavido. .... pruebas.

12. En un programa de radio, una doctora da consejos a un paciente que a menudo está afónico. Completa los cuadros con los consejos que da la doctora.

76

Consejos para prevenir la afonía

Tiene que aprender a ....

y para eso va muy bien ....

....

....

Debe intentar no ....

Tiene que dejar de ....

Debe evitar ....

....

....

Remedios para tratar la afonía

Tiene que tomar infusiones de ....

....

Tiene que comer ....

o beber ....

porque ....

....

....

13. Lee este email dirigido al consultorio de la revista *Salud* y escribe una respuesta. ¿Qué le recomiendas al chico que lo ha escrito?

¡Hola!
Soy un chico de 27 años y les escribo para pedirles consejo. El año pasado tuve un accidente de coche y estuve más de dos meses en el hospital. Luego pasé cuatro meses más en casa, sin ir al trabajo, sin salir mucho y... ¡¡¡engordé 20 kilos!!! Ahora estoy bastante recuperado del accidente (solo tengo algunos dolores de espalda), pero 20 kilos de más son muchos kilos. He intentado adelgazar de todas las maneras posibles: he comprado ese aparato que anuncian en la televisión para hacer gimnasia en casa, he tomado unas infusiones adelgazantes a base de hierbas naturales y, todos los días, antes del bocadillo de las 11 h y antes de la merienda, tomo uno de esos batidos de fresa que dicen que adelgazan... Pero nada. ¿Qué puedo hacer?

SONIDOS Y LETRAS

14. Lee en voz alta estas series de palabras. ¿Cómo las pronuncias? Luego escucha y comprueba si lo has hecho igual.

1. quitar - quita - quítate
2. lavar - lava - lávate
3. cubrir - cubre - cúbrete
4. hidratar - hidrata - hidrátalos
5. secar - seca - sécalos
6. relajar - relaja - relájate

> Recuerda que las palabras esdrújulas siempre llevan tilde: **pá**jaro, tel**é**fono, rel**á**jate.

LÉXICO

15. Coloca en este dibujo los nombres de las partes del cuerpo señaladas. Puedes utilizar el diccionario.

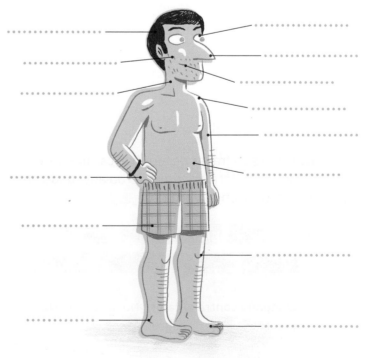

16. En la página 104, busca los deportes que corresponden con las siguientes descripciones. A continuación, escribe tú descripciones de otros tres deportes.

1. Es un deporte de raqueta. Se juega en parejas en una pista rectangular totalmente cerrada.
....
2. Se juega por equipos (dos de 11 personas). El balón no se puede tocar con las manos. ....
3. Se practica en una piscina. ....
4. Se hace al ritmo de bailes latinos, como la salsa, la cumbia o el merengue. ....
5. Se practica debajo de la superficie del mar.
....

Deporte: ....

Descripción: ....

....

....

....

Deporte: ....

Descripción: ....

....

....

....

Deporte: ....

Descripción: ....

....

....

17. Relaciona **estar** y **tener** con las palabras de la derecha para formar problemas de salud.

- estar
- tener

- migraña
- tos
- acné
- náuseas
- resfriado/-a
- anemia
- afónico/-a

18. ¿Con qué partes del cuerpo asocias los problemas de la actividad anterior?

....

....

....

....

....

....

19. Mi vocabulario. Anota las palabras de la unidad que quieres recordar.

ANTES Y AHORA

1. Completa el cuadro con las formas regulares del pretérito imperfecto.

	TRABAJAR	HACER	SALIR
(yo)	trabajaba	....	....
(tú)	....	....	....
(él/ella/ usted)	....	hacía	....
(nosotros/ nosotras)	....	....	....
(vosotros/ vosotras)	....	....	....
(ellos/ellas/ ustedes)	....	....	salían

2. Ahora completa con las formas de los tres verbos irregulares en pretérito imperfecto.

	SER	IR	VER
(yo)	....	....	....
(tú)	....	....	....
(él/ella/ usted)	....	....	....
(nosotros/ nosotras)	....	....	....
(vosotros/ vosotras)	....	....	....
(ellos/ellas/ ustedes)	....	....	....

3. Observa estas dos imágenes de Fernando y descríbelas. ¿En qué cosas ha cambiado?

4. Edurne le cuenta a una amiga cómo era antes. Marca la opción correcta en cada caso.

78

1. Cuando tenía 12 años...
☐ **a.** vivía con su abuela.
☐ **b.** llevaba el pelo corto.
☐ **c.** tenía un gato que se llamaba Corcho.

2. Cuando tenía 15 años...
☐ **a.** estudiaba poco.
☐ **b.** salía mucho de noche.
☐ **c.** no tenía muchos amigos.

3. Cuando tenía 20 años...
☐ **a.** estudiaba mucho y no salía nunca.
☐ **b.** vivía con su hermana.
☐ **c.** trabajaba de modelo.

4. Cuando tenía 30 años...
☐ **a.** trabajaba como secretaria.
☐ **b.** estaba en paro.
☐ **c.** vivía en Nueva York.

5. Piensa en alguien de tu familia: tu padre, tu abuela... Piensa dónde vivía cuando era joven, cómo era su casa, qué cosas hacía para pasarlo bien, cómo era la vida en aquella época, etc. Luego, escribe un texto comparando vuestras vidas y explicando qué cosas te parecen mejores o peores.

6. Aquí tienes un fragmento de la biografía de un personaje muy conocido. ¿Quién es: Pablo Picasso, Antoni Gaudí o Gabriel García Márquez? Escríbelo debajo.

Nació el 25 de octubre de 1881 en Málaga. Su familia vivía modestamente y su padre era profesor de dibujo.

No le gustaba la escuela: "Solo me interesaba cómo el profesor dibujaba los números en la pizarra. Yo únicamente copiaba las formas, el problema matemático no me importaba."

Era tan mal estudiante que lo castigaban a menudo: lo metían en "el calabozo", un cuarto vacío en el que solo había un banco. "Me gustaba ir allí porque llevaba mi cuaderno de dibujo y dibujaba. Allí estaba solo, nadie me molestaba y yo podía dibujar y dibujar y dibujar."

Se trata de

....

....

7. ¿Quién es tu personaje famoso favorito? ¿Sabes muchas cosas sobre su vida? Escribe un pequeño texto sobre cómo era su vida antes de ser famoso. Busca la información en internet.

8. Completa estas frases con verbos en pretérito imperfecto.

1. Los antiguos egipcios .... una escritura llamada "jeroglífica".

2. Los romanos .... latín.

3. Antes del descubrimiento de América, en Europa no .... patatas.

4. Los incas .... en grandes ciudades.

5. A principios del siglo xix el Imperio turco .... enorme.

6. A principios del siglo xx las mujeres no .... votar en casi ningún país del mundo.

7. Durante el franquismo los partidos políticos .... prohibidos.

8. Antes, la gente .... más hijos que ahora.

9. En los años 50 la mayoría de españoles no .... coche.

10. En los años 70 Ibiza .... una isla tranquila.

11. Antes los viajes entre Europa y América .... semanas.

12. Antes de la aparición de internet la gente .... más cartas que ahora.

9. ¿**Ya no** o **todavía**? Elige una de las dos formas y completa las frases según tu opinión.

1 Antes viajar en avión era muy caro. En la actualidad ....

2 A finales del siglo xx China era el país más poblado del mundo. Hoy en día ....

3 A finales del siglo xx había muchas guerras en diferentes partes del mundo. Actualmente ....

4 Antes las mujeres estaban discriminadas en muchos países. En la actualidad ....

5 Antes en mi país se podía fumar en todos los sitios. Ahora ....

10. ¿A qué momento de su pasado se refieren estas personas? Completa con una información posible.

1 Cuando ...., por una parte estaba mejor porque no tenía que cocinar, ni hacía la compra, ni me preocupaba por las facturas, y además tenía la compañía de mi familia; pero, por otra parte, no tenía tanta libertad, debía seguir unas normas...

2 Cuando ...., me podía hacer un montón de peinados diferentes pero era muy pesado tener que lavarlo tan a menudo; por eso me lo he cortado. Me da un poco de pena, pero estoy mucho más cómoda.

3 Cuando ...., la gente era más puntual porque no podía avisar dos minutos antes de la cita de que iba a llegar tarde... En cambio, ahora, con una llamada para decir que hay un atasco o cualquier otra excusa, basta... ¡Pero la otra persona espera igual!

4 Cuando ...., tenía muchos problemas para practicar algunos deportes, me gastaba mucho dinero porque se me rompían muchas veces, ahora con las lentillas soy una persona nueva y, además, me gusta mucho más mi imagen.

5 Cuando ...., tenía que usar siempre el transporte público y luego caminar un buen rato para llegar al trabajo. ¡Tardaba casi una hora y media en llegar! Ahora, desde que me compré el 4x4, llego en veinte minutos.

11. Escribe sobre tu propia experiencia usando el modelo de la actividad anterior.

Antes, cuando no sabía nada de español,

SONIDOS Y LETRAS

12. Completa las frases con estas palabras. ¿Cuáles son verbos en la forma de pretérito imperfecto?

| sabia | hacia | medía | sabía | hacía | media |

1. Cuando tenía 12 años, ya .... 1,70 m.

2. Nos tenemos que ir ya, son las ocho y ....

3. Mi abuela era una mujer muy ....

4. Mi hermana pequeña .... leer a los 4 años.

5. No estuve mucho rato en la playa, ... demasiado calor.

6. Toma el metro .... Plaza de España y bájate en la segunda parada.

MOMENTOS ESPECIALES

1. Aquí tienes los principales acontecimientos de la historia de Cuba. Conjuga los verbos en pretérito indefinido.

★★★★★★★★★★★★★★★★★★★★★★★★★★

1. En 1492 Cristóbal Colón (descubrir) .... la isla de Cuba.

2. En 1560 la isla (convertirse) .... en un punto comercial estratégico.

3. En 1850 (producirse) .... enfrentamientos entre el ejército español y los independentistas cubanos.

4. En 1895 (empezar) .... la guerra entre España y Cuba.

5. En 1898 Estados Unidos (entrar) .... en la guerra.

6. En 1899 Estados Unidos (asumir) .... el gobierno de Cuba durante cuatro años.

7. En 1940 (aprobarse) .... una nueva Constitución.

8. En 1952 Fulgencio Batista (dar) .... un golpe de Estado.

9. En 1956 un grupo de jóvenes liderados por Fidel Castro (internarse) .... en Sierra Maestra y (formar) .... el núcleo del ejército rebelde.

10. En 1959, tras derrotar a las fuerzas de Batista, el ejército rebelde (entrar) .... en La Habana.

11. En 1962 J.F. Kennedy (ordenar) .... el bloqueo a Cuba.

12. En 1980 el gobierno cubano (autorizar) .... la emigración hacia los Estados Unidos.

13. En 1991 la URSS (poner) .... fin a su alianza política, militar y económica con Cuba.

14. En 2008 Fidel Castro (renuncia) .... a la presidencia.

★★★★★★★★★★★★★★★★★★★★★★★★★★

2. Completa estos cuadros con las formas del pretérito indefinido.

REGULARES

	PENSAR	LEVANTARSE	VIVIR
(yo)			
(tú)			
(él/ella/ usted)			
(nosotros/ nosotras)			
(vosotros/ vosotras)			
(ellos/ellas/ ustedes)			

IRREGULARES

	CONDUCIR	SENTIR	DORMIR
(yo)			
(tú)			
(él/ella/ usted)			
(nosotros/ nosotras)			
(vosotros/ vosotras)			
(ellos/ellas/ ustedes)			

3. ¿Cómo eran estas personas o cosas?

Mi primer/a maestro/-a.

Mi primera maestra se llamaba Anne, era muy simpática y nos contaba cuentos...

Un juguete que tenía de pequeño/-a.

....

....

Un/a amigo/-a de la infancia.

....

....

4. Subraya la mejor opción en cada caso.

1. La última vez que vi a Carla **tuvo** / **tenía** muy buen aspecto.
2. Cuando conocí a Paula **llevaba** / **llevó** el pelo teñido.
3. **Pasaba** / **pasé** dos años en Londres; fueron los años más felices de mi vida.
4. El otro día vino Lara a casa; quería tomar café, pero no **teníamos** / **tuvimos**.
5. Compré un vino muy caro, lo guardé en el armario y el día de mi cumpleaños lo **abrí** / **abría** para tomarlo con mis amigos.
6. Ana tenía una casa preciosa en el centro, pero **era** / **fue** muy vieja y no tenía calefacción. Al final se mudó.
7. Antes **venía** / **vine** mucho a este bar, pero luego me fui a vivir a otro barrio y dejé de venir.
8. Ramón jugaba al fútbol en un equipo profesional, pero un día **tenía** / **tuvo** un accidente, se rompió una pierna y tuvo que dejar el fútbol.
9. Miguel nunca salía de casa, pero en enero del año pasado **conocía** / **conoció** a una chica por internet y su vida cambió totalmente.
10. A los 12 años, descubrieron que Marquitos **era** / **fue** miope y le pusieron gafas, claro.

10. Tira dos veces un dado o elige dos números del 1 al 6. Cada número es una parte del titular de una noticia. Luego, tienes que escribirla.

1. Detienen por robo en una joyería a…

2. Pagan 1000 euros por cenar con…

3. Llega a la base espacial…

4. Vuelve a las pantallas

5. Cae al río Ebro

6. Un perro muerde a…

1. un agricultor que duerme la siesta.

2. el presidente del Gobierno español.

3. Batman.

4. la princesa Tania de Fastundia.

5. un joven dentro de su coche.

6. el primer astronauta español.

11. Completa el texto con los verbos en pretérito indefinido o en pretérito imperfecto. Luego mira la actividad 8 de la página 124 para ver si lo has hecho bien.

LA TARTA SALADA

El otro día me (pasar) .... una cosa horrible. Resulta que era el cumpleaños de mi amiga Laura y, con otros amigos, (decidir, nosotros) .... hacerle una fiesta de cumpleaños sorpresa en mi casa. (decorar, nosotros) .... la casa y yo (preparar) .... una tarta, pero, sin darme cuenta, le (poner) .... sal en vez de azúcar. Un rato después Laura llegó a casa y se encontró con la sorpresa. Más tarde, cuando todo el mundo (estar) .... charlando animadamente, (sacar, yo) .... la tarta y le (dar, yo) .... un trozo a todo el mundo. De repente, la gente (empezar) .... a poner caras extrañas y a preguntarme por qué la tarta (tener) .... ese sabor tan extraño. Yo no entendía qué ocurría. Entonces la (probar, yo) .... y me di cuenta de que (estar, la tarta) .... malísima porque (estar) .... salada… ¡Qué vergüenza! Al día siguiente (volver, yo) .... a hacer una tarta e (invitar) .... a Laura y a otros amigos a merendar a casa. Y esta vez estaba buenísima…

12. Así empieza una historia de miedo. Contínuala.

> Elena estaba en el campo con unos amigos, pero tuvo la mala suerte de perderse. Se estaba haciendo de noche y vio una casa, decidió entrar...

13. Vas a escuchar tres anécdotas. Marca a cuál de ellas se refieren estas frases.

81-83

	1	2	3
1. Cenó dos veces.			
2. Pasó mucho miedo.			
3. Le pidió un autógrafo a un chico porque pensaba que era un actor famoso.			
4. Se quedó sin gasolina en una carretera de montaña por la noche.			
5. No quería decirle a su novio que iba a cenar con su ex.			
6. Pasó mucha vergüenza.			
7. Salió con él y unos amigos.			

14. Busca información en internet sobre una de estas leyendas y completa la ficha.

El Dorado   La Llorona   La leyenda de Sant Jordi

Es una leyenda originaria de: ....

Los personajes son ....

Cuenta que...

SONIDOS Y LETRAS

15. Escucha. ¿Se pronuncian igual las formas del infinitivo y del pretérito indefinido?

INFINITIVO	PRETÉRITO INDEFINIDO
lle**gar**	lle**gué**
empe**zar**	empe**cé**
bus**car**	bus**qué**
averi**guar**	averi**güé**

16. Ahora escribe las formas del indefinido de estos infinitivos. Ten en cuenta los cambios ortográficos.

- Jugar ➞ ....
  (1ª persona del pretérito indefinido)

- Utilizar ➞ ....
  (1ª persona del pretérito indefinido)

- Hacer ➞ ....
  (3ª persona del pretérito indefinido)

- Marcar ➞ ....
  (1ª persona del pretérito indefinido)

- Rechazar ➞ ....
  (1ª persona del pretérito indefinido)

LÉXICO

17. Coloca estas expresiones en el lugar más adecuado.

Pasé mucho miedo	Pasé mucha vergüenza
Me reí un montón	Me emocioné

1. Un día estaba limpiando la casa y oí música en la habitación de mi hijo de tres años. Entré y ¡vi que estaba bailando con el perro! ....

2. Un día estaba criticando a una profesora en la escuela y de repente me giré y resulta que la profesora estaba ahí y me estaba escuchando.

   ....

3. Trabajé durante unos años en una escuela. Cuando me fui, los niños me regalaron unas flores y me recitaron un poema que habían escrito para mí. ...., y empecé a llorar.

4. El verano pasado pasé unos días sola en una casa de campo. Una noche, empecé a oír ruidos y pensaba que era un ladrón. ...., pero al final me di cuenta de que solo era el viento.

18. Piensa en cosas o situaciones que te provocan las siguientes emociones y escríbelas en cada cuadro.

Cosas que me aburren	Cosas que me hacen reír

Cosas que me dan miedo	Cosas que me emocionan

19. Relaciona los elementos de las dos columnas para formar expresiones que pueden aparecer en textos históricos.

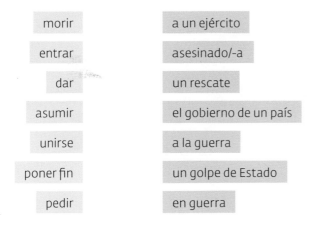

morir	a un ejército
entrar	asesinado/-a
dar	un rescate
asumir	el gobierno de un país
unirse	a la guerra
poner fin	un golpe de Estado
pedir	en guerra

20. Lee estas frases y fíjate en la expresión en negrita. ¿Cómo la traducirías a tu lengua?

1. Resulta que se me rompió la cremallera del vestido, pero yo no **me di cuenta** porque estaba bailando con Daniel, un chico que me encanta.

2. Entonces probé la tarta y **me di cuenta** de que estaba malísima porque estaba salada... ¡Qué vergüenza!

21. Mi vocabulario. Anota las palabras de la unidad que quieres recordar.

22. Hemos llegado al final del curso. Revisa la última actividad de todas las unidades de **Más ejercicios** y apunta aquí las palabras y expresiones más importantes que te llevas de este curso.

MÁS GRAMÁTICA

Cuando, al realizar una actividad, tengas una duda o quieras entender mejor una regla gramatical, puedes consultar este resumen. Como verás, los contenidos no están ordenados por lecciones sino en torno a las categorías gramaticales.

Además de leer atentamente las explicaciones, fíjate también en los ejemplos: te ayudarán a entender cómo se utilizan las formas lingüísticas en la comunicación real.

MÁS GRAMÁTICA

GRUPO NOMINAL

El grupo nominal se compone del nombre o sustantivo y de sus determinantes y calificativos: artículos, demostrativos, posesivos, adjetivos calificativos, frases subordinadas adjetivas, etc. Las partes del grupo nominal concuerdan en género y en número con el sustantivo.

GÉNERO Y NÚMERO

GÉNERO

▶ En español, solo hay dos géneros: masculino y femenino.

SUSTANTIVOS

▶ En general, son masculinos los sustantivos que terminan en **-o**, **-aje**, **-ón** y **-r**. También son masculinos los sustantivos de origen griego terminados en **-ema** y **-oma**: **el problema**, **el cromosoma**. Son femeninos los terminados en **-a**, **-ción**, **-sión**, **-dad**, **-tad** y **-ez**. Sin embargo, hay muchas excepciones: **el mapa**, **la mano**...

▶ Los sustantivos que terminan en **-e** o en otras consonantes pueden ser masculinos o femeninos: **la llave**, **el norte**, **el** o **la paciente**, **el control**, **la paz**, etc.

▶ Las palabras de género femenino que comienzan por **a** o **ha** tónica llevan el artículo **el** en singular, pero el adjetivo va en femenino: **el agua limpia**, **el aula pequeña**. En plural, funcionan de forma normal: **las aguas limpias**, **las aulas pequeñas**.

ADJETIVOS

▶ El femenino de los adjetivos se forma, en general, cambiando la **-o** final por una **-a** o añadiendo una **-a** a la terminación **-or**: **alto, alta**; **trabajador, trabajadora**, etc.

▶ Los adjetivos que terminan en **-e**, **-ista** o en consonantes distintas de **r** tienen la misma forma en masculino y en femenino: **doble, realista, veloz, lateral**.

NÚMERO

▶ El plural de sustantivos y de adjetivos se forma agregando **-s** a los terminados en vocal (**calle** → **calles**) y **-es** a los terminados en consonante (**portal** → **portales**). Si la palabra termina en **-z**, el plural se escribe con **c**: **vez** → **veces**.

▶ Los sustantivos y los adjetivos que, en singular, terminan en **-s** hacen el plural dependiendo de la acentuación. Si se acentúan en la última sílaba, agregan **-es**: **el autobús** → **los autobuses**. Si no se acentúan en la última sílaba, no cambian en plural: **la dosis** → **las dosis**.

▶ Los sustantivos y los adjetivos terminados en **-í** o **-ú** acentuadas forman el plural con **-s** o con **-es**: **marroquí** → **marroquís / marroquíes**.

ARTÍCULO

Existen dos tipos de artículos en español: los determinados y los indeterminados.

ARTÍCULO INDETERMINADO

▶ Usamos los artículos indeterminados (**un**, **una**, **unos**, **unas**) para mencionar algo por primera vez, cuando no sabemos si existe o para referirnos a un ejemplar de una categoría.

● *Marcos ha alquilado **una** casa en Mallorca.*

▶ No usamos los artículos indeterminados para informar sobre la profesión de alguien.

● *Soy médico. Soy un médico.*

▶ Pero sí los usamos cuando identificamos a alguien por su profesión o cuando lo valoramos.

● *Su mujer es **una** periodista muy conocida.*

▶ Los artículos indeterminados no se combinan con **otro**, **otra**, **otros**, **otras**, **medio**, **media**, **cien(to)** o **mil**.

● *¿Me dejas otra hoja? una otra hoja*
● *Si no tienes hambre, come media ración. una media*

ARTÍCULO DETERMINADO

▶ Los artículos determinados (**el**, **la**, **los**, **las**) se utilizan cuando hablamos de algo que sabemos que existe, que es único o que ya se ha mencionado.

● ***La*** *casa de Mallorca de Marcos es preciosa.*
● *Vivían en **el** centro de Madrid.*

▶ En general, no se usan con nombres de personas, de continentes, de países y de ciudades, excepto cuando el artículo es parte del nombre: **La Habana**, **El Cairo**, **La Haya**, **El Salvador**. Con algunos países, el uso es opcional: **(La) India**, **(El) Brasil**, **(El) Perú**, etc.

▶ También los usamos cuando nos referimos a un aspecto o a una parte de un país o de una región: **la Sevilla actual**, **el Egipto antiguo**.

▶ Con las formas de tratamiento y con los títulos, usamos los artículos en todos los casos excepto para dirigirnos a nuestro interlocutor.

- **La** señora González vive cerca de aquí, ¿no?
- Señora González, ¿dónde vive usted? (= hablamos con ella)

RECUERDA

– Cuando hablamos de una categoría o de sustantivos no contables, **no** usamos el artículo.
- ¿Tienes ordenador?
- Necesito leche para el postre.

– La presencia del artículo determinado indica que ya se había hablado antes de algo.
- He comprado **la** leche y **los** huevos.
(= ya he dicho antes que era necesario comprar esas cosas)
- He comprado leche y huevos.
(= informo sobre lo que he comprado)

EL ARTÍCULO NEUTRO LO

Aunque en español solo hay dos géneros, masculino y femenino, existe la forma neutra **lo** en las estructuras **lo** + adjetivo o **lo que** + verbo.
Lo bueno (= las cosas que son buenas)
Lo difícil (= las cosas que son difíciles)
Lo bello (= las cosas que son bellas)
Lo que pienso (= las cosas que pienso)

DEMOSTRATIVOS

▸ Sirven para referirse a algo indicando su cercanía o su lejanía respecto a la persona que habla.

CERCA DE QUIEN HABLA	CERCA DE QUIEN ESCUCHA	LEJOS DE AMBOS
este	ese	ese / aquel
esta	esa	esa / aquella
estos	esos	esos / aquellos
estas	esas	esas / aquellas

- **Este** avión es bastante nuevo, pero **aquel** del otro día era viejísimo.

▸ Además de las formas de masculino y de femenino, existen formas neutras (**esto**, **eso**, **aquello**) que sirven para referirse a algo desconocido o que no queremos o no podemos identificar con un sustantivo.

- ¿Qué es **esto** que has dejado en mi mesa? No entiendo nada.
- ¿**Eso**? Es la traducción del informe anual.

▸ Los demostrativos están en relación con los adverbios de lugar **aquí**, **ahí** y **allí**.

AQUÍ	AHÍ	ALLÍ
este chico	**ese** chico	**aquel** chico
esta chica	**esa** chica	**aquella** chica
estos amigos	**esos** amigos	**aquellos** amigos
estas amigas	**esas** amigas	**aquellas** amigas
esto	**eso**	**aquello**

POSESIVOS

▸ Los posesivos que van antes del sustantivo se utilizan para identificar algo o a alguien refiriéndose a su poseedor. Varían según quién es el poseedor (**yo → mi casa**, **tú → tu casa**...) y concuerdan en género y en número con lo poseído (**nuestra casa**, **sus libros**, etc.).

(yo)	**mi** libro / casa	**mis** libros / casas
(tú)	**tu** libro / casa	**tus** libros / casas
(él/ella/usted)	**su** libro / casa	**sus** libros / casas
(nosotros/nosotras)	**nuestro** libro **nuestra** casa	**nuestros** libros **nuestras** casas
(vosotros/vosotras)	**vuestro** libro **vuestra** casa	**vuestros** libros **vuestras** casas
(ellos/ellas/ustedes)	**su** libro / casa	**sus** libros / casas

▸ No usamos los posesivos cuando nos referimos a partes del propio cuerpo.

- **Me** duele **la** cabeza. ~~Me duele mi cabeza.~~
- **Me** quiero cortar **el** pelo. ~~Quiero cortar mi pelo.~~

▸ Tampoco los usamos para hablar de objetos de los que se supone que poseemos solo una unidad o cuando, por el contexto, está muy claro quién es el propietario.

- ¿Dónde has aparcado **el** coche?
- ¿Tienes **el** pasaporte? Lo vas a necesitar.

MÁS GRAMÁTICA

▶ Existe otra serie de posesivos.

mío	mía	míos	mías
tuyo	tuya	tuyos	tuyas
suyo	suya	suyos	suyas
nuestro	nuestra	nuestros	nuestras
vuestro	vuestra	vuestros	vuestras
suyo	suya	suyos	suyas

▶ Estos posesivos se usan en tres contextos.

- Para dar y para pedir información sobre a quién pertenece algo.

● *¡Qué lío! Esta bolsa es **tuya** o es **mía**?*

- Detrás del sustantivo, que va acompañado del artículo indeterminado u otros determinantes.

● *Me encanta ese pintor; tengo **dos** obras **suyas**.*

- Con artículos determinados, para sustituir a un sustantivo ya mencionado o conocido por el interlocutor.

● *Estos no son mis zapatos. ¡Son los **tuyos**!*

PRONOMBRES PERSONALES

La forma de los pronombres personales cambia según el lugar que ocupan en la oración y según su función.

EN FUNCIÓN DE SUJETO

1ª pers. singular	yo	● **Yo** tengo frío, ¿y tú?
2ª pers. singular	tú / usted	● **Tú** tienes la culpa, no yo.
3ª pers. singular	él, ella	● **Él** es músico y **ella**, cantante.
1ª pers. plural	nosotros, nosotras	● **Nosotras** llegamos a las 5 h y los chicos, a las 6 h.
2ª pers. plural	vosotros, vosotras ustedes	● ¿**Vosotros** habéis bajado a la calle? Alguien ha dejado la puerta abierta…
3ª pers. plural	ellos, ellas	● **Ellos** tienen más experiencia, pero se esfuerzan menos.

▶ Los pronombres de sujeto se utilizan cuando queremos resaltar la persona por oposición a otras o cuando su ausencia puede llevar a confusión, por ejemplo, en la tercera persona.

● **Ustedes** trabajan en un banco, ¿verdad?
○ **Yo** sí, pero **ella** no, **ella** es abogada.

▶ **Usted** y **ustedes** son, respectivamente, las formas de tratamiento de respeto en singular y en plural. Se usan en relaciones jerárquicas, con desconocidos de una cierta edad o con personas mayores en general. Hay grandes variaciones de uso según el contexto social o geográfico. Se trata de formas de segunda persona, pero tanto el verbo como los pronombres van en tercera persona.

▶ En Latinoamérica, no se usa nunca **vosotros**: la forma de segunda persona del plural es **ustedes**.

▶ En algunas zonas de Latinoamérica (Argentina, Uruguay y regiones de Paraguay, Colombia y Centroamérica), en lugar de **tú**, se usa **vos**.

▶ Las formas femeninas del plural (**nosotras**, **vosotras**, **ellas**) solo se usan cuando todas las componentes son mujeres. Si hay al menos un hombre, se usan las formas masculinas.

CON PREPOSICIÓN

1ª pers. singular	mí *	● ¿Hay algún mensaje **para mí**?
2ª pers. singular	ti * / usted	● Estos días, he pensado mucho **en ti**.
3ª pers. singular	él, ella	● Habla **con ella**: sabe mucho de ese tema.
1ª pers. plural	nosotros, nosotras	● El niño es muy pequeño, todavía no viaja **sin nosotros**.
2ª pers. plural	vosotros, vosotras ustedes	● Mi novia os conoce: me ha hablado muy bien **de vosotros**.
3ª pers. plural	ellos, ellas	● Siempre critica a sus hermanas. ○ Sí, es verdad. Siempre está **contra ellas**.

* Con la preposición **con**: **conmigo** y **contigo**.

> **¡ATENCIÓN!**
> Hay algunas excepciones: las preposiciones **entre**, **excepto**, **hasta**, **incluso**, **salvo** y **según**.
>
> ● **Entre tú** y **yo** ya no hay secretos.
> ● Todos entregaron las tareas **excepto tú**.
> ● **Según tú**, ¿quién es el culpable?

ciento noventa y ocho

REFLEXIVOS

1ª pers. singular	**me** ducho
2ª pers. singular	**te** duchas / **se** ducha
3ª pers. singular	**se** ducha
1ª pers. plural	**nos** duchamos
2ª pers. plural	**os** ducháis / **se** duchan
3ª pers. plural	**se** duchan

EN FUNCIÓN DE COMPLEMENTO DE OBJETO DIRECTO (COD)

1ª pers. singular	**me**	● *¿**Me** ves bien?*
2ª pers. singular	**te** **lo***, **la**	● ***Te** odio. Eres insoportable.* ● *¿**La** acompaño, señora Lara?*
3ª pers. singular	**lo***, **la**	● *El café, siempre **lo** tomo solo.*
1ª pers. plural	**nos**	● ***Nos** tuvieron tres horas en la sala de espera.*
2ª pers. plural	**os** **los**, **las**	● *¿Quién **os** lleva al cole?* ● ***Los** espero abajo, señores Gil.*
3ª pers. plural	**los**, **las**	● *A las niñas no **las** veo desde el año pasado.*

* Cuando el complemento de objeto directo hace referencia a una persona singular de género masculino, se admite también el uso de la forma **le**: A Luis lo / le veo todos los días.

▶ La forma **lo** es, además de un pronombre masculino, un pronombre de COD neutro que puede sustituir a una parte del texto o a **esto**, **eso**, **aquello**, **algo**...

● *¿Esto es tuyo? **Lo** he encontrado en el suelo.*

● *¿A qué hora llega Mateo?*
○ *No **lo** sé. ¿Por qué no se lo preguntas a Alonso?*

EN FUNCIÓN DE COMPLEMENTO DE OBJETO INDIRECTO (COI)

- Los pronombres de COI solo se diferencian de los de COD en las formas de la tercera persona.

- Los pronombres de COI **le** y **les** se convierten en **se** cuando van acompañados de los pronombres de COD **lo**, **la**, **los**, **las**:

~~Le lo~~ pregunto. / **Se lo** pregunto.

1ª pers. singular	**me**	● *No **me** has dicho la verdad. Eres un mentiroso.*
2ª pers. singular	**te** **le (se)**	● *¿**Te** puedo contar una cosa?* ● ***Le** mando el cheque mañana, señor Ruiz.*
3ª pers. singular	**le (se)**	● *¿Quién **le** hizo esta foto a Montse? Es preciosa...*
1ª pers. plural	**nos**	● *Carmen **nos** ha enseñado la ciudad.*
2ª pers. plural	**os** **les (se)**	● *Si queréis, **os** saco yo la foto.* ● *A ustedes, **les** va a llegar el paquete por correo.*
3ª pers. plural	**les (se)**	● *A los chicos no **les** gustó nada la película.*

POSICIÓN DEL PRONOMBRE

▶ El orden de los pronombres es: COI + COD + verbo. Los pronombres se colocan siempre delante del verbo conjugado (excepto en imperativo afirmativo).

● *¿**Me** das un poco de agua?*
● *¿**Os** apetece un té?*

● *¿Cómo **te** devuelvo el libro que **me** dejaste?*
● *Si **se lo** das a Pablo, él **me lo** trae a casa.*

▶ Con el infinitivo, el gerundio y la forma afirmativa del imperativo, los pronombres se colocan después del verbo y forman una sola palabra.

● *Es imposible bañar**se**, el agua está helada.*
● *Siénta**te** aquí y cuénta**melo** todo.*

▶ Con perífrasis y con estructuras como **poder** / **querer** / **ir a** + infinitivo, los pronombres pueden ir delante del verbo conjugado o detrás del infinitivo, pero nunca entre ambos.

● *Tienes que hacer**me** un favor.*
● ***Me** tienes que hacer un favor.*
~~Tienes que me hacer un favor~~

● *Quiero pedir**le** el coche a Jaime.*
● ***Le** quiero pedir el coche a Jaime.*
~~Quiero le pedir el coche a Jaime.~~

● *¿Vas a llevar**te** el coche?*
● *¿**Te** vas a llevar el coche?*
~~¿Vas a te llevar el coche?~~

MÁS GRAMÁTICA

PREPOSICIONES Y LOCUCIONES PREPOSICIONALES

POSICIÓN Y MOVIMIENTO

a dirección, distancia	• Vamos **a** Madrid. • Ávila está **a** 55 kilómetros de aquí.
en ubicación, medio de transporte	• Vigo está **en** Galicia. • Vamos **en** coche.
de procedencia **lejos / cerca... de**	• Venimos **de** la universidad. • Caracas está **lejos de** Lima.
desde punto de partida	• Vengo a pie **desde** el centro.
entre ubicación en medio de dos o más cosas	• Barcelona está situada **entre** el mar y la montaña. • He encontrado esta postal **entre** mis libros.
hasta punto de llegada	• Podemos ir en metro **hasta** el centro.
por movimiento dentro o a través de un espacio	• Me gusta pasear **por** la playa. • El ladrón entró **por** la ventana.
sobre ubicación superior	• Extienda la masa **sobre** una superficie fría.

debajo (de)　　encima (de)　　detrás (de)　　delante (de)

a la derecha (de)　　a la izquierda (de)　　al lado (de)　　en el centro (de)

¡ATENCIÓN!
Podemos usar las locuciones anteriores sin la preposición **de** cuando no mencionamos el elemento que sirve de referencia.

• ¿Dónde ponemos el cuadro: **a la derecha de** la ventana o **a la izquierda**?

TIEMPO

a + hora	• Me levanto **a** las ocho.
por + parte del día	• No trabajo **por** la mañana.
de + **día / noche**	• Prefiero estudiar **de noche**.
desde + punto en el tiempo	• No veo a Juan **desde** 1998.
en + mes / estación / año	• Mi cumpleaños es **en** abril.
antes / después de	• Hago deporte **antes de** cenar.
de + inicio + **a** + fin	• Trabajamos **de** 9 **a** 6 h. • Vamos a estar aquí **del** 2 **al*** 7 de abril.
hasta + punto en el tiempo	• Te esperé **hasta** las cinco.

* Recuerda que **a** + **el** = **al**; **de** + **el** = **del**.

OTROS USOS

A
modo: **a la plancha, al horno**.
COD de persona: **Hemos visto a Pablo en el centro**.

DE
materia: **de lana**.
partitivo, con sustantivos no contables: **un poco de pan, 200 gramos de queso**

POR / PARA
por + causa: **Viaja mucho por su trabajo**.
para + finalidad: **Necesito dinero para pagar el teléfono**.
para + destinatario: **Estos libros son para tu hermana**.

CON
compañía: **¿Has ido al cine con Patricia?**
acompañamiento: **pollo con patatas**.
instrumento: **He cortado el papel con unas tijeras**.
composición: **una casa con muchas ventanas**.

SEGÚN
opinión: **Según tú, ¿quién tiene la razón, ella o yo?**

SIN

ausencia: **Yo prefiero tomar el café sin azúcar.**

SOBRE

tema: **Tengo que escribir un texto sobre el cine de mi país.**

INTERROGATIVOS

Los pronombres y los adverbios interrogativos reemplazan al elemento desconocido en preguntas de respuesta abierta.

QUÉ, CUÁL / CUÁLES

▶ En preguntas abiertas sin referencia a ningún sustantivo, usamos **qué** para preguntar por cosas.

● ¿**Qué** habéis hecho durante estas vacaciones?

▶ Cuando preguntamos por una cosa o por una persona dentro de un conjunto, usamos **qué** o **cuál** / **cuáles** dependiendo de si aparece o no el sustantivo.

● ¿**Qué** <u>museos</u> habéis visitado?

● Nos encantó el Museo Picasso.

○ ¿**Cuál**? ¿El de Barcelona o el de Málaga?

OTROS INTERROGATIVOS

PARA PREGUNTAR POR...		
personas	**quién / quienes**	● ¿**Quién** ha traído estas flores?
una cantidad	**cuánto/-a/-os/-as**	● ¿**Cuántas** veces has estado en España?
un lugar	**dónde**	● ¿**Dónde** tienes el móvil?
un momento en el tiempo	**cuándo**	● ¿**Cuándo** llegaste a Alemania?
el modo	**cómo**	● ¿**Cómo** fuiste? ¿En avión?
el motivo	**por qué**	● ¿**Por qué** te ríes?
la finalidad	**para qué**	● ¿**Para qué** me has llamado?

● ¿**Con quién** has estado hoy?
○ **Con** Edu.

– Todos los interrogativos llevan tilde.
– Cuando el verbo va acompañado de preposición, esta se coloca antes del interrogativo.

  ● ¿**Desde dónde** llamas?
  ○ Desde una cabina.

  ● ¿**Sobre qué** trató la conferencia?
  ○ Sobre reciclaje.

  ● ¿**Hasta cuándo** te quedas?
  ○ Hasta el martes.

  ● ¿**Para cuántas** personas es esta mesa?
  ○ Para ocho como máximo.

– Las preguntas de respuesta cerrada (respuesta **sí** o **no**) se forman igual que las frases enunciativas; simplemente cambia la entonación.
  ● Edu va mucho a los Estados Unidos.
  ● ¿Edu va mucho a los Estados Unidos?

MARCADORES TEMPORALES

PARA EXPRESAR FRECUENCIA

siempre   +
casi siempre / generalmente / por lo general / normalmente
a menudo / con frecuencia / muchas veces
a veces
de vez en cuando
raramente / muy pocas veces
casi nunca
nunca
jamás   –

los lunes / los martes...
todos los lunes / los días / los meses / los veranos...
todas las mañanas / las tardes / las noches...
cada día / semana / mes / primavera / año...

MÁS GRAMÁTICA

- *Casi siempre ceno en casa.*
- *Yo voy al cine **muy pocas veces**.*
- *Deberías caminar un poco **todos los días**.*

> **¡ATENCIÓN!**
> Con **todos los días**, hablamos de algo común a todos los días, algo que se repite.
> Con **cada día** nos referimos a los días como unidades independientes.
>
> - *Como fuera **todos los días**, pero **cada día** en un sitio diferente.*

PARA ESPECIFICAR EL NÚMERO DE VECES QUE SE HA REALIZADO ALGO

muchas veces
2 / 3… veces
alguna vez
una vez
casi nunca
nunca
jamás

- *¿Habéis estado **alguna vez** en México?*
- *Yo estuve **una vez** hace muchos años.*
- *Yo he estado **muchas veces**.*
- *Pues yo no he estado **nunca**.*

PARA SITUAR EN EL PRESENTE

ahora
actualmente
en este momento
hoy
hoy en día

- *Alejandro Sanz, que **actualmente** vive en Miami, está pasando unos días en España.*
- ***Hoy en día** es difícil encontrar un buen trabajo.*

PARA SITUAR EN UN PASADO VINCULADO AL PRESENTE

este mes / año / verano…
esta semana…
esta mañana / tarde / noche
hace poco
hace un rato / hace cinco minutos
hoy

- ***Este mes** he tenido mucho trabajo.*

- *¿Alguien sabe dónde está Marcos?*
- *Yo lo he visto en la cafetería **hace cinco minutos**.*

PARA SITUAR EN UN PASADO NO VINCULADO AL PRESENTE

ayer
anteayer
un día
el otro día
una vez
el 15 de enero de 2003
en enero
en 2010
el jueves (pasado)
la semana pasada
el verano / año / mes pasado
hace tres meses
de niño

- *¿Sabes? **El otro día** me leyeron el futuro en el café.*
- *¿Sí? A mí **una vez**, **hace años**, me lo leyeron, pero no acertaron en nada.*

RELACIONAR ACCIONES: ANTERIORIDAD Y POSTERIORIDAD

antes (de)
luego
después (de)
más tarde
unos minutos / un rato / unos días **después**
unos minutos / un rato / unas horas **más tarde**

- ***Antes** tenía el pelo largo, pero me lo corté porque era incómodo.*
- *He ido a la universidad, pero **antes** he pasado por casa de Julia a buscar unas cosas.*

- *Antes de* casarme pasé un tiempo en Colombia.
- *Tómese una pastilla **antes de** cada comida.*
- *Yo llegué a las cinco y Alberto, **un rato después**.*

REFERIRNOS A UN MOMENTO YA MENCIONADO

entonces
en aquella época
en aquellos tiempos
en ese / aquel momento

- *Yo vivía en un pueblo. **Entonces** no había televisión y jugábamos siempre en la calle.*
- *Me metí en la ducha y **entonces** llegó él.*
- *Mi abuela nació a mediados del siglo xx. **En aquella época** no había electricidad en su pueblo.*

REFERIRNOS A UN MOMENTO FUTURO

mañana
pasado mañana
dentro de un rato / dos semanas / tres meses...
la semana / el mes... que viene
la próxima semana / el próximo mes
el lunes (que viene / próximo)...
este lunes / verano / año...
el uno **de enero de** 2025
el día 25

- ***Mañana** voy a ir a la playa. ¿Quieres venir?*
- *Han dicho en la tele que **la semana que viene** va a llover.*
- ***Este año** voy a intentar cuidarme más.*
- *Llegamos al aeropuerto de Madrid **dentro** de diez minutos.*

PARA HABLAR DE LA DURACIÓN

▶ **Hace** relaciona el momento en el que hablamos con el momento en el que ocurrió algo poniendo el énfasis en la cantidad de tiempo transcurrido.

- *Terminé mis estudios **hace** diez años.*

▶ **Desde** hace referencia al momento en el que se inicia algo.

- *Trabajo en esta empresa **desde** 1998.*

▶ **Hasta** hace referencia al límite temporal de una acción.

- *Me quedo **hasta** las diez.*
- *Vivió en París **hasta** 2001.*

▶ **Desde hace** expresa el tiempo transcurrido desde el comienzo de una acción que continúa en el presente.

- *Trabajo en esta empresa **desde hace** siete años.*

MARCADORES ESPACIALES

aquí / acá*
ahí
allí / allá
cerca (de) / lejos (de)
dentro (de) / fuera (de)
arriba / abajo

* **Aquí** no se usa en algunas variantes americanas, especialmente en la del Río de la Plata, donde se prefiere la forma **acá**.

COMPARAR

SUPERIORIDAD

CON NOMBRES

- *Madrid tiene **más** <u>parques</u> **que** Barcelona.*

CON ADJETIVOS

- *Madrid es **más** <u>grande</u> **que** Barcelona.*

¡ATENCIÓN!
Formas especiales:
más bueno/-a → mejor
más malo/-a → peor
más grande → mayor

CON VERBOS

- *Antes <u>comía</u> **más que** ahora.*

¡ATENCIÓN!
Mayor (que) suele usarse, sobre todo, para indicar "mayor edad" o en comparaciones abstractas.
- *Antonio es **mayor que** Andrés.*
- *Este producto tiene **mayor** aceptación entre los jóvenes.*

MÁS GRAMÁTICA

IGUALDAD

CON NOMBRES

- Nuestra casa tiene
  - *tanto* espacio
  - *tanta* luz
  - *tantos* balcones
  - *tantas* habitaciones
  como esta.

- Carlos y yo tenemos
  - *el mismo* coche.
  - *la misma* edad.
  - *los mismos* gustos.
  - *las mismas* aficiones.

> **¡ATENCIÓN!**
> Ana y yo comemos **lo mismo** puede significar dos cosas:
> - "Ana y yo comemos las mismas cosas"
> - "Ana come tanto como yo" (= la misma cantidad)

CON ADJETIVOS

- Aquí las casas son **tan** caras **como** en mi ciudad.

CON VERBOS

- Aquí la gente sale **tanto como** en España.

INFERIORIDAD

CON NOMBRES

- Prefiero dormir en esta habitación porque hay **menos** ruido **que** en la otra.

- Nuestra casa **no** tiene
  - *tanto* espacio
  - *tanta* luz
  - *tantos* balcones
  - *tantas* habitaciones
  como esta.

CON ADJETIVOS

- La segunda parte de la novela es mucho **menos** entretenida **que** la primera.
- Aquí los trenes **no** son **tan** caros **como** en mi país.

CON VERBOS

- Desde que tuvimos el niño dormimos **menos que** antes.
- Ahora **no** como **tanto como** antes.

VERBOS

CONJUGACIONES

▶ En español existen tres conjugaciones, que se distinguen por las terminaciones: **-ar** (primera conjugación), **-er** (segunda) e **-ir** (tercera). Las formas de los verbos de la segunda y de la tercera conjugación son muy similares. La mayoría de las irregularidades se dan en estos dos grupos.

▶ En el verbo se pueden distinguir dos elementos: la raíz y la terminación. La raíz se obtiene al quitar al infinitivo la terminación **-ar**, **-er**, **-ir**. La terminación nos proporciona la información referente al modo, al tiempo, a la persona y al número.

> **estudiar** ⟶ terminación
> ↓
> raíz

▶ Las irregularidades afectan solo a la raíz del verbo. Solo se encuentran terminaciones irregulares en el indefinido.

VERBOS REFLEXIVOS

▶ Son verbos que se conjugan con los pronombres reflexivos **me**, **te**, **se**, **nos**, **os**, **se**: **llamarse**, **levantarse**, **bañarse**...

- (Yo) **me llamo** Abel. (**llamarse**)

▶ Hay verbos que, como **acordar**, **ir** o **quedar**, cambian de significado con el pronombre reflexivo.

- ¿Qué **acordasteis** en la reunión?
- **Vamos** al cine.
- ¿**Quedamos** a las cinco?
- ¿**Te acuerdas** de Pablo?
- **Nos vamos** de aquí.
- Ayer no salí, **me quedé** en casa.

▶ Otros verbos pueden convertirse en reflexivos cuando la acción recae en el propio sujeto.

- Marcela **lava** la ropa.
- Marcela **se lava.**
- Marcela **se lava** las manos.

VERBOS QUE FUNCIONAN COMO GUSTAR

Existe un grupo de verbos (**gustar**, **encantar**, **apetecer**, **interesar**, **costar**, **parecer**, **caer bien/mal**, etc.) que se conjugan casi siempre en tercera persona (del singular si van seguidos de un nombre en singular o de un infinitivo; y del plural si van seguidos de un sustantivo en plural). Estos verbos van acompañados siempre de los pronombres de COI **me**, **te**, **le**, **nos**, **os**, **les** y expresan sentimientos y opiniones respecto a cosas, personas o actividades.

(A mí)	me		el cine. (NOMBRES EN SINGULAR)
(A ti)	te		ir al cine. (VERBOS)
(A él/ella/usted)	le	gusta	
(A nosotros/nosotras)	nos		
(A vosotros/vosotras)	os		las películas de guerra.
(A ellos/ellas/ustedes)	les	gustan	(NOMBRES EN PLURAL)

- *Me cuesta* mucho pronunciar las erres.
- A Sara *le encanta* Shakira.
- ¿Qué *os parece* este cuadro?
- *Me duelen* mucho los pies.
- ¿*Os ha caído bien* el novio de Puri?

▶ En estos verbos, se usa **a** + pronombre tónico (**a mí, a ti, a él/ella/usted, a nosotros/-as, a vosotros/-as, a ellos/ellas/ustedes**) cuando queremos contrastar diferentes personas.

- ¿*Y a vosotros* qué *os ha parecido* la película?
- ○ *A mí me ha encantado*.
- ■ Pues *a mí me ha parecido* muy aburrida.

PRESENTE DE INDICATIVO

	HABLAR	COMER	ESCRIBIR
(yo)	hablo	como	escribo
(tú)	hablas	comes	escribes
(él/ella/usted)	habla	come	escribe
(nosotros/nosotras)	hablamos	comemos	escribimos
(vosotros/vosotras)	habláis	coméis	escribís
(ellos/ellas/ustedes)	hablan	comen	escriben

▶ La terminación de la primera persona del singular es igual en las tres conjugaciones.

▶ Las terminaciones de la tercera conjugación son iguales que las de la segunda excepto en la primera y en la segunda personas del plural (**nosotros/-as, vosotros/-as**).

▶ Usamos el presente de indicativo para:

- hacer afirmaciones atemporales: **Una semana tiene siete días**.
- hablar de hechos que se producen con una cierta frecuencia o regularidad: **Como en casa todos los días**.
- hablar del presente cronológico: **Hace muy buen tiempo**.
- pedir cosas y acciones en preguntas: **¿Me prestas un boli?**

- hablar de intenciones firmes: **Mañana te devuelvo el libro**.
- relatar en presente histórico: **Pío Baroja nace en San Sebastián en 1872**.
- formular hipótesis: **Si me toca la lotería, dejo de trabajar**.
- dar instrucciones: **Sigues todo recto y giras a la derecha**.

IRREGULARIDADES EN PRESENTE

DIPTONGACIÓN: E > IE, O > UE

▶ Muchos verbos de las tres conjugaciones tienen esta irregularidad en presente. Este fenómeno no afecta ni a la primera ni a la segunda personas del plural.

	PENSAR	PODER
(yo)	pienso	puedo
(tú)	piensas	puedes
(A él/ella/usted)	piensa	puede
(nosotros/nosotras)	pensamos	podemos
(vosotros/vosotras)	pensáis	podéis
(ellos/ellas/ustedes)	piensan	pueden

CIERRE VOCÁLICO: E > I

▶ El cambio de **e** por **i** se produce en muchos verbos de la tercera conjugación en los que la última vocal de la raíz es **e**, como **seguir**, **pedir**, **decir** o **freír**.

	SEGUIR
(yo)	sigo
(tú)	sigues
(él/ella/usted)	sigue
(nosotros/nosotras)	seguimos
(vosotros/vosotras)	seguís
(ellos/ellas/ustedes)	siguen

G EN LA PRIMERA PERSONA DEL SINGULAR

▶ Existe un grupo de verbos que intercalan una **g** en la primera persona del singular.

salir → **salgo**   poner → **pongo**   valer → **valgo**   hacer → **hago**

> **!** **¡ATENCIÓN!**
> Algunos verbos, como **tener** o **venir**, presentan esta irregularidad en combinación con otra: **tengo, tienes, tiene, tienen**.

	TENER	VENIR
(yo)	ten**g**o	ven**g**o
(tú)	ti**e**nes	v**ie**nes
(él/ella/usted)	ti**e**ne	v**ie**ne
(nosotros/nosotras)	tenemos	venimos
(vosotros/vosotras)	tenéis	venís
(ellos/ellas/ustedes)	ti**e**nen	v**ie**nen

ZC EN LA PRIMERA PERSONA DEL SINGULAR

▸ Los verbos terminados en **-acer**, **-ecer**, **-ocer** y **-ucir** también son irregulares en la primera persona del singular.

con**ocer** → **conozco**   prod**ucir** → **produzco**
obed**ecer** → **obedezco**   na**cer** → **nazco**

CAMBIOS ORTOGRÁFICOS

▸ Para conjugar los verbos que terminan en **-ger**, **-gir** y **-guir**, debemos tener en cuenta las reglas ortográficas.

esco**ger** → **escojo**   ele**gir** → **elijo**   se**guir** → **sigo**

PRETÉRITO PERFECTO

	PRESENTE DE HABER	+ PARTICIPIO
(yo)	**he**	
(tú)	**has**	
(él/ella/usted)	**ha**	habl**ado**
(nosotros/nosotras)	**hemos**	com**ido**
(vosotros/vosotras)	**habéis**	viv**ido**
(ellos/ellas/ustedes)	**han**	

▸ El pretérito perfecto se forma con el presente del auxiliar **haber** y el participio pasado (**cantado**, **leído**, **vivido**).

▸ El participio pasado es invariable. El auxiliar y el participio son una unidad, no se puede colocar nada entre ellos. Los pronombres se colocan siempre delante del auxiliar.

- ● ¿Has vist**o** ~~¿Has vist**as**~~
  mis sandalias? ~~mis sandalias?~~
- ● **Las** hemos comprado ~~Hemos **las** comprado~~
  esta semana. ~~esta semana.~~
- ● **Ya** hemos cerrado. ~~Hemos **ya** cerrado.~~

▸ Usamos el pretérito perfecto para referirnos a acciones o a acontecimientos ocurridos en un momento pasado no definido. No se dice cuándo ha ocurrido la acción porque no interesa o no se sabe. Se acompaña de marcadores como **ya / todavía no**; **siempre / nunca / alguna vez / una vez / dos veces / muchas veces**.

- ● *¿**Ya has hecho** los deberes?*
- ○ *No, es que **todavía no he tenido** tiempo.*

- ● ***Nunca he probado*** *la paella.*
- ● ***¿Has estado alguna vez*** *en Murcia?*
- ● ***Siempre he tenido*** *ganas de estudiar música.*

▸ También usamos el pretérito perfecto para situar una acción en un tiempo que tiene relación con el presente.

- ● ***Este mes he trabajado*** *mucho.*
- ● ***Esta semana ha hecho*** *un calor insoportable.*

▸ Y para referirnos a acciones muy vinculadas al momento actual.

- ● ***Hace un rato he hablado*** *con tu hermana.*

PRETÉRITO INDEFINIDO

	HABLAR	BEBER	ESCRIBIR
(yo)	habl**é**	beb**í**	escrib**í**
(tú)	habl**aste**	beb**iste**	escrib**iste**
(él/ella/usted)	habl**ó**	beb**ió**	escrib**ió**
(nosotros/nosotras)	habl**amos**	beb**imos**	escrib**imos**
(vosotros/vosotras)	habl**asteis**	beb**isteis**	escrib**isteis**
(ellos/ellas/ustedes)	habl**aron**	beb**ieron**	escrib**ieron**

▸ El pretérito indefinido se usa para relatar acciones ocurridas en un pasado concreto, no relacionado con el presente, que se presentan como concluidas. Se acompaña de marcadores como:

- fechas (**en 1990**, **en 2003**, **el 8 de septiembre**, **en enero**...)
- **ayer**, **anoche**, **anteayer**
- **el lunes**, **el martes**...
- **el mes pasado**, **la semana pasada**, etc.

- ● ***Anoche cené*** *con unos amigos.*
- ● ***El mes pasado descubrí*** *un restaurante genial.*

IRREGULARIDADES EN EL PRETÉRITO INDEFINIDO

CIERRE VOCÁLICO: E > I, O > U

▶ El cambio de **e** por **i** se produce en muchos verbos de la tercera conjugación en los que la última vocal de la raíz es **e**, como **pedir**. La **e** se convierte en **i** en las terceras personas del singular y del plural. Sucede lo mismo con los verbos de la tercera conjugación en los que la última vocal de la raíz es **o**, como **dormir**. En estos casos, la **o** se convierte en **u** en las terceras personas del singular y del plural.

	PEDIR	DORMIR
(yo)	pedí	dormí
(tú)	pediste	dormiste
(él/ella/usted)	p**i**dió	d**u**rmió
(nosotros/nosotras)	pedimos	dormimos
(vosotros/vosotras)	pedisteis	dormisteis
(ellos/ellas/ustedes)	p**i**dieron	d**u**rmieron

RUPTURA DEL TRIPTONGO

▶ Cuando la raíz de un verbo en **-er/-ir** termina en vocal, en las terceras personas la **i** se convierte en **y**.

caer → **cayó / cayeron**
huir → **huyó / huyeron**
construir → **construyó / construyeron**

CAMBIOS ORTOGRÁFICOS

▶ Para conjugar los verbos que terminan en **-car**, **-gar**, **-guar** y **-zar**, debemos tener en cuenta las reglas ortográficas.

acer**car** → **acerqué**   averi**guar** → **averigüé**
lle**gar** → **llegué**   almor**zar** → **almorcé**

VERBOS CON TERMINACIONES IRREGULARES

▶ Los siguientes verbos presentan irregularidades propias en la raíz y tienen unas terminaciones especiales independientemente de la conjugación a la que pertenezcan.

andar → **anduv-**	poder → **pud-**		-e
conducir* → **conduj-**	poner → **pus-**		-iste
decir* → **dij-**	querer → **quis-**	+	-o
traer* → **traj-**	saber → **sup-**		-imos
estar → **estuv-**	tener → **tuv-**		-isteis
hacer → **hic-/hiz-**	venir → **vin-**		-ieron

* En la tercera persona del plural, la **i** desaparece (**condujeron**, **dijeron**, **trajeron**). Se conjugan así todos los verbos terminados en **-ucir**.

> **¡ATENCIÓN!**
> En la primera y en la tercera personas del singular de los verbos regulares, la sílaba tónica es la última; en los irregulares, en cambio, la sílaba tónica es la penúltima.

VERBOS IR Y SER

▶ Los verbos **ir** y **ser** tienen la misma forma en pretérito indefinido.

	IR / SER
(yo)	**fui**
(tú)	**fuiste**
(él/ella/usted)	**fue**
(nosotros/nosotras)	**fuimos**
(vosotros/vosotras)	**fuisteis**
(ellos/ellas/ustedes)	**fueron**

PRETÉRITO IMPERFECTO

	HABLAR	BEBER	VIVIR
(yo)	habl**aba**	beb**ía**	viv**ía**
(tú)	habl**abas**	beb**ías**	viv**ías**
(él/ella/usted)	habl**aba**	beb**ía**	viv**ía**
(nosotros/nosotras)	habl**ábamos**	beb**íamos**	viv**íamos**
(vosotros/vosotras)	habl**abais**	beb**íais**	viv**íais**
(ellos/ellas/ustedes)	habl**aban**	beb**ían**	viv**ían**

▶ Casi no hay irregularidades en el pretérito imperfecto, a excepción de los verbos **ir**, **ser** y **ver**.

	IR	SER	VER
(yo)	**iba**	**era**	**veía**
(tú)	**ibas**	**eras**	**veías**
(él/ella/usted)	**iba**	**era**	**veía**
(nosotros/nosotras)	**íbamos**	**éramos**	**veíamos**
(vosotros/vosotras)	**ibais**	**erais**	**veíais**
(ellos/ellas/ustedes)	**iban**	**eran**	**veían**

▸ Usamos el pretérito imperfecto para describir las circunstancias que rodean a un acontecimiento pasado.

- *Como **estábamos** cansados, nos quedamos en casa.*
- *Ayer no **tenía** ganas de estar en casa y me fui al cine.*

▸ También lo usamos para realizar descripciones en pasado.

- *Ayer vi a Marta. **Estaba** guapísima.*
- *La casa de mis abuelos **era** enorme y **tenía** muchas habitaciones.*

▸ Lo empleamos, asimismo, para hablar de costumbres en el pasado.

- *De niño, siempre **iba** a visitar a mis abuelos al campo.*
- *En mi época de estudiante, **dormía** muy poco.*

RELATAR EN PASADO

▸ Un relato es una sucesión de hechos que contamos utilizando el pretérito indefinido o el perfecto. Hacemos avanzar la historia con cada nuevo hecho que presentamos.

- *Aquel día Juan **no oyó** el despertador y **se despertó** media hora tarde. **Salió** de casa sin desayunar y **tomó** un taxi. Por suerte, **consiguió** llegar a tiempo al aeropuerto.*

▸ En cada hecho podemos "detener la acción" y "mirar" las circunstancias que lo rodean. Para ello, usamos el pretérito imperfecto.

- *Aquel día Juan **estaba** muy cansado y no oyó el despertador, así que se despertó media hora tarde. Como no **tenía** tiempo, salió de casa sin desayunar y tomó un taxi. Por suerte, no **había** mucho tráfico y consiguió llegar al aeropuerto a tiempo.*

▸ La elección que hacemos entre pretérito perfecto / indefinido e imperfecto no depende de la duración de las acciones, sino de la manera en la que queremos presentarlas y de su función en el relato.

- *Ayer como **estaba lloviendo**, no **salí**.* (= no interesa el fin de la lluvia; la presentamos como una circunstancia de "no salir")
- *Ayer, **estuvo lloviendo** todo el día y no **salí**.* (= informo de la duración de la lluvia y del hecho de "no salir")

IMPERATIVO

IMPERATIVO AFIRMATIVO

▸ El imperativo afirmativo en español tiene cuatro formas: **tú** y **vosotros/-as** (más informal), **usted** y **ustedes** (más formal).

	COMPRAR	COMER	VIVIR
(tú)	compr**a**	com**e**	viv**e**
(vosotros/vosotras)	compr**ad**	com**ed**	viv**id**
(usted)	compr**e**	com**a**	viv**a**
(ustedes)	compr**en**	com**an**	viv**an**

▸ La forma para **tú** se obtiene eliminando la **-s** final de la forma correspondiente del presente:

compras → **compra**
comes → **come**
vives → **vive**

▸ Los verbos que en presente de indicativo tienen las irregularidades **E > IE**, **O > UE** y **E > I** mantienen esas irregularidades en las formas **tú**, **usted** y **ustedes** del imperativo:

pi**e**nsas → **piensa**   du**e**rmes → **duerme**   p**i**des → **pide**
pi**e**nsa → **piense**   du**e**rme → **duerma**   p**i**de → **pida**
pi**e**nsan → **piensen**   du**e**rmen → **duerman**   p**i**den → **pidan**

 ¡ATENCIÓN!
Algunos verbos irregulares no siguen esta regla.

poner → **pon**   hacer → **haz**   venir → **ven**
salir → **sal**   tener → **ten**   decir → **di**

▸ La forma para **vosotros** se obtiene sustituyendo la **-r** final del infinitivo por una **-d**:

estudia**r** → estudia**d**
come**r** → come**d**
cerra**r** → cerra**d**

▸ Las formas para **usted** y **ustedes** se obtienen cambiando la vocal temática de la forma correspondiente del presente:

estudi**a** → estudi**e**   com**e** → com**a**   sigu**e** → sig**a**
estudi**an** → estudi**en**   com**en** → com**an**   sigu**en** → sig**an**

¡ATENCIÓN!

Los verbos que son irregulares en la primera persona del presente tienen en imperativo una raíz irregular.

pongo → **ponga/n**   hago → **haga/n**
salgo → **salga/n**   tengo → **tenga/n**
vengo → **venga/n**   digo → **diga/n**
traigo → **traiga/n**   conozco → **conozca/n**

▶ Los verbos **ser** e **ir** presentan formas especiales.

	SER	IR
(tú)	**sé**	**ve**
(vosotros/vosotras)	**sed**	**id**
(usted)	**sea**	**vaya**
(ustedes)	**sean**	**vayan**

▶ Con el imperativo afirmativo, los pronombres van después del verbo y forman una sola palabra.

● *Devuélve**me** las llaves y ve**te**.*

 ¡ATENCIÓN!

En los verbos reflexivos, cuando combinamos la forma de **vosotros** con el pronombre **os** desaparece la **-d** final.
● *Niños, **sentaos** y **tomaos** la sopa.*

▶ Usamos el imperativo para dar instrucciones.

● ***Retire** el plástico protector y **coloque** el aparato sobre una superficie estable.*

▶ Para conceder permiso.

● *¿Puedo entrar un momento?*
○ *Sí, claro. **Pasa, pasa**.*

▶ Para ofrecer algo.

● ***Toma, prueba** estas galletas. Están buenísimas.*

▶ Para aconsejar.

● *No sé qué hacer. Esta noche tengo una cena de trabajo y no sé qué ponerme.*
○ ***Ponte** el vestido azul, ¿no? Te queda muy bien.*

 ¡ATENCIÓN!

A veces usamos el imperativo para dar órdenes o pedir acciones, pero solo en situaciones muy jerarquizadas o de mucha confianza. Solemos suavizar este uso con elementos como **por favor**, **venga**, **¿te importa?**, etc., o justificando la petición.

● ***Por favor**, Gutiérrez, **hágame** diez copias de estos documentos.*
● ***Ven** conmigo a comprar, **venga**, que yo no puedo con todas las bolsas.*

PARTICIPIO

▶ El participio pasado se forma agregando las terminaciones **-ado** en los verbos de la primera conjugación e **-ido** en los verbos de la segunda y de la tercera conjugación.

cantar → **cantado**
beber → **bebido**
vivir → **vivido**

▶ Hay algunos participios irregulares.

abrir* → **abierto**	poner → **puesto**
decir → **dicho**	romper → **roto**
escribir → **escrito**	ver → **visto**
hacer → **hecho**	volver → **vuelto**
morir → **muerto**	

* Todos los verbos terminados en **-brir** tienen un participio irregular acabado en **-bierto**.

▶ El participio tiene dos funciones. Como verbo, acompaña al auxiliar **haber** en los tiempos verbales compuestos y es invariable. Como adjetivo, concuerda con el sustantivo en género y en número y se refiere a situaciones o estados derivados de la acción del verbo. Por eso, en esos casos, se utiliza muchas veces con el verbo **estar**.

Marcos **se ha sorprendido**. → Marcos está **sorprendido**.
Han encendido la luz. → La luz está **encendida**.
Han roto los vasos. → Los vasos están **rotos**.
Han pintado las paredes. → Las paredes están **pintadas**.

MÁS GRAMÁTICA

GERUNDIO

▶ El gerundio se forma añadiendo la terminación **-ando** a los verbos en **-ar** y la terminación **-iendo** a los verbos en **-er / -ir**.

cantar → **cantando**
beber → **bebiendo**
vivir → **viviendo**

▶ Son irregulares los gerundios de los verbos en **-ir** cuya última vocal de la raíz es **e** u **o** (**pedir**, **sentir**, **seguir**, **decir**, **reír**, **freír**, **mentir**, etc.; **dormir**, **morir**).

pedir → **pidiendo**
dormir → **durmiendo**

▶ Cuando la raíz de los verbos en **-er** o en **-ir** acaba en vocal, la terminación del gerundio es **-yendo.**

traer → **trayendo**
construir → **construyendo**

> **RECUERDA**
> Con el gerundio, los pronombres se colocan después del verbo, formando una sola palabra.
> • *Puedes mejorar tu español **relacionándote** con nativos.*

▶ El gerundio puede formar perífrasis con verbos como **estar**, **llevar**, **seguir**, **continuar**, etc.

• *Estos días **estoy trabajando** demasiado. Necesito un descanso.*

• *¿Cuánto tiempo **llevas viviendo** en el barrio?*

• *¿Y cómo va todo? ¿**Sigues trabajando** en la misma empresa?*
○ *Sí, yo como siempre y Marta también **continúa dando** clases.*

▶ También usamos el gerundio para explicar de qué manera se realiza una acción.

• *¿Sabes qué le pasa a Antonio? Ha salido **llorando**.*

• *¿Y cómo consigues estar tan joven?*
○ *Pues **haciendo** ejercicio todos los días y **comiendo** sano.*

> **! ¡ATENCIÓN!**
> En este tipo de frases, para expresar la ausencia de una acción, usamos **sin** + infinitivo en lugar de **no** + gerundio.
> • *¿Qué le pasa a Antonio? Ha salido corriendo **sin decir** nada.*

ESTAR + GERUNDIO

▶ Usamos **estar** + gerundio cuando presentamos una acción o una situación presente como algo temporal o no definitivo.

(yo)	**estoy**	
(tú)	**estás**	
(él/ella/usted)	**está**	
(nosotros/nosotras)	**estamos**	+ gerundio
(vosotros/vosotras)	**estáis**	
(ellos/ellas/ustedes)	**están**	

• *¿**Estás viviendo** en Londres? ¡No lo sabía!*

▶ A veces, podemos expresar lo mismo en presente con un marcador temporal: **últimamente**, **desde hace algún tiempo**...

• *Desde hace algunos meses **voy** a clases de yoga.*
▶ Cuando queremos especificar que la acción se está desarrollando en el momento preciso en el que estamos hablando, solo podemos usar **estar** + gerundio.

• *No te puede oír, **está escuchando** música en su cuarto.*
   ~~No te puede oír, escucha música en su cuarto.~~

▶ Usamos **estar** en pretérito perfecto, indefinido o imperfecto + gerundio para presentar las acciones en su desarrollo.

PRETÉRITO PERFECTO + GERUNDIO

• *Esta tarde **hemos estado probando** la tele nueva.*
• *Estos días **han estado arreglando** el ascensor.*
• *Juan **ha estado** un año **preparando** las oposiciones.*

PRETÉRITO INDEFINIDO + GERUNDIO

• *Ayer **estuvimos probando** la tele nueva.*
• *El otro día **estuvieron arreglando** el ascensor.*
• *Juan **estuvo** un año **preparando** las oposiciones.*

PRETÉRITO IMPERFECTO + GERUNDIO

• *Esta tarde **estábamos probando** la tele nueva y, de repente, se ha ido la luz.*
• *El otro día, cuando llegué con las bolsas de la compra, **estaban arreglando** el ascensor y tuve que subir a pie los cinco pisos.*
• *Cuando conocí a Juan, **estaba preparando** las oposiciones.*

¡ATENCIÓN!

Si queremos expresar la ausencia total de una acción durante un periodo de tiempo, podemos usar **estar sin** + infinitivo.

- Paco **ha estado** dos días **sin hablar** con nadie. ¿Tú crees que le pasa algo?

IMPERSONALIDAD

▸ En español, podemos expresar la impersonalidad de varias maneras. Una de ellas es con la construcción **se** + verbo en tercera persona.

- El gazpacho **se hace** con tomate, pimiento, cebolla, ajo...
- ¿Tú sabes cómo **se hacen** los huevos estrellados?

▸ Otra manera de expresar impersonalidad, cuando no podemos o no nos interesa especificar quién realiza una acción, es usar la tercera persona del plural.

- ¿Sabes si ya **han arreglado** la calefacción?
- ¿Te has enterado? **Han descubierto** un nuevo planeta.

SER / ESTAR / HABER

▸ Para ubicar algo en el espacio, usamos el verbo **estar**.

- El ayuntamiento **está** bastante lejos del centro.

▸ Pero si informamos acerca de la existencia, usamos **hay** (del verbo **haber**). Es una forma única para el presente, y solo existe en tercera persona. Se utiliza para hablar tanto de objetos en singular como en plural.

- Cerca de mi casa **hay** un parque enorme.
- En la fiesta **hubo** momentos muy divertidos.
- ¿**Había** mucha gente en el concierto?

▸ Para informar sobre la ubicación de un evento ya mencionado, usamos **ser**.

- La reunión **es** en mi casa.

▸ Con adjetivos, usamos **ser** para hablar de las características esenciales del sustantivo y **estar** para expresar una condición o un estado especial en un momento determinado.

- Lucas **es** rubio.
- Este coche **es** nuevo.
- Lucas **está** enfadado.
- El coche **está** averiado.

▸ También usamos **ser** cuando identificamos algo o a alguien o cuando hablamos de las características inherentes a algo.

- Alba **es** una amiga mía.   ~~Alba está una amiga mía.~~

▸ Con los adverbios **bien / mal**, usamos únicamente **estar**.

- El concierto **ha estado** muy bien, ¿no?
  ~~El concierto ha sido muy bien, ¿no?~~

VERBOS

REGULARES

PRESENTE	PRETÉRITO IMPERFECTO	PRETÉRITO INDEFINIDO	PRETÉRITO PERFECTO verbo **haber** + participio	IMPERATIVO AFIRMATIVO

estudiar
Gerundio: **estudiando**
Participio: **estudiado**

PRESENTE	PRETÉRITO IMPERFECTO	PRETÉRITO INDEFINIDO	PRETÉRITO PERFECTO	IMPERATIVO AFIRMATIVO
estudi**o**	estudi**aba**	estudi**é**	he estudi**ado**	
estudi**as**	estudi**abas**	estudi**aste**	has estudi**ado**	estudi**a**
estudi**a**	estudi**aba**	estudi**ó**	ha estudi**ado**	estudi**e**
estudi**amos**	estudi**ábamos**	estudi**amos**	hemos estudi**ado**	
estudi**áis**	estudi**abais**	estudi**asteis**	habéis estudi**ado**	estudi**ad**
estudi**an**	estudi**aban**	estudi**aron**	han estudi**ado**	estudi**en**

comer
Gerundio: **comiendo**
Participio: **comido**

PRESENTE	PRETÉRITO IMPERFECTO	PRETÉRITO INDEFINIDO	PRETÉRITO PERFECTO	IMPERATIVO AFIRMATIVO
com**o**	com**ía**	com**í**	he com**ido**	
com**es**	com**ías**	com**iste**	has com**ido**	com**e**
com**e**	com**ía**	com**ió**	ha com**ido**	com**a**
com**emos**	com**íamos**	com**imos**	hemos com**ido**	
com**éis**	com**íais**	com**isteis**	habéis com**ido**	com**ed**
com**en**	com**ían**	com**ieron**	han com**ido**	com**an**

vivir
Gerundio: **viviendo**
Participio: **vivido**

PRESENTE	PRETÉRITO IMPERFECTO	PRETÉRITO INDEFINIDO	PRETÉRITO PERFECTO	IMPERATIVO AFIRMATIVO
viv**o**	viv**ía**	viv**í**	he viv**ido**	
viv**es**	viv**ías**	viv**iste**	has viv**ido**	viv**e**
viv**e**	viv**ía**	viv**ió**	ha viv**ido**	viv**a**
viv**imos**	viv**íamos**	viv**imos**	hemos viv**ido**	
viv**ís**	viv**íais**	viv**isteis**	habéis viv**ido**	viv**id**
viv**en**	viv**ían**	viv**ieron**	han viv**ido**	viv**an**

PARTICIPIOS IRREGULARES

abrir	**abierto**	freír	**frito / freído**	poner	**puesto**
cubrir	**cubierto**	hacer	**hecho**	romper	**roto**
decir	**dicho**	ir	**ido**	ver	**visto**
escribir	**escrito**	morir	**muerto**	volver	**vuelto**
resolver	**resuelto**				

IRREGULARES

actuar Gerundio: **actuando** Participio: **actuado**

PRESENTE	PRETÉRITO IMPERFECTO	PRETÉRITO INDEFINIDO	PRETÉRITO PERFECTO	IMPERATIVO AFIRMATIVO
actúo	actuaba	actué	he actuado	
actúas	actuabas	actuaste	has actuado	actúa
actúa	actuaba	actuó	ha actuado	actúe
actuamos	actuábamos	actuamos	hemos actuado	
actuáis	actuabais	actuasteis	habéis actuado	actuad
actúan	actuaban	actuaron	han actuado	actúen

andar Gerundio: **andando** Participio: **andado**

PRESENTE	PRETÉRITO IMPERFECTO	PRETÉRITO INDEFINIDO	PRETÉRITO PERFECTO	IMPERATIVO AFIRMATIVO
ando	andaba	anduve	he andado	
andas	andabas	anduviste	has andado	anda
anda	andaba	anduvo	ha andado	ande
andamos	andábamos	anduvimos	hemos andado	
andáis	andabais	anduvisteis	habéis andado	andad
andan	andaban	anduvieron	han andado	anden

buscar Gerundio: **buscando** Participio: **buscado**

PRESENTE	PRETÉRITO IMPERFECTO	PRETÉRITO INDEFINIDO	PRETÉRITO PERFECTO	IMPERATIVO AFIRMATIVO
busco	buscaba	busqué	he buscado	
buscas	buscabas	buscaste	has buscado	busca
busca	buscaba	buscó	ha buscado	busque
buscamos	buscábamos	buscamos	hemos buscado	
buscáis	buscabais	buscasteis	habéis buscado	buscad
buscan	buscaban	buscaron	han buscado	busquen

coger Gerundio: **cogiendo** Participio: **cogido**

PRESENTE	PRETÉRITO IMPERFECTO	PRETÉRITO INDEFINIDO	PRETÉRITO PERFECTO	IMPERATIVO AFIRMATIVO
cojo	cogía	cogí	he cogido	
coges	cogías	cogiste	has cogido	coge
coge	cogía	cogió	ha cogido	coja
cogemos	cogíamos	cogimos	hemos cogido	
cogéis	cogíais	cogisteis	habéis cogido	coged
cogen	cogían	cogieron	han cogido	cojan

comenzar Gerundio: **comenzando** Participio: **comenzado**

PRESENTE	PRETÉRITO IMPERFECTO	PRETÉRITO INDEFINIDO	PRETÉRITO PERFECTO	IMPERATIVO AFIRMATIVO
comienzo	comenzaba	comencé	he comenzado	
comienzas	comenzabas	comenzaste	has comenzado	comienza
comienza	comenzaba	comenzó	ha comenzado	comience
comenzamos	comenzábamos	comenzamos	hemos comenzado	
comenzáis	comenzabais	comenzasteis	habéis comenzado	comenzad
comienzan	comenzaban	comenzaron	han comenzado	comiencen

conocer Gerundio: **conociendo** Participio: **conocido**

PRESENTE	PRETÉRITO IMPERFECTO	PRETÉRITO INDEFINIDO	PRETÉRITO PERFECTO	IMPERATIVO AFIRMATIVO
conozco	conocía	conocí	he conocido	
conoces	conocías	conociste	has conocido	conoce
conoce	conocía	conoció	ha conocido	conozca
conocemos	conocíamos	conocimos	hemos conocido	
conocéis	conocíais	conocisteis	habéis conocido	conoced
conocen	conocían	conocieron	han conocido	conozcan

dar Gerundio: **dando** Participio: **dado**

PRESENTE	PRETÉRITO IMPERFECTO	PRETÉRITO INDEFINIDO	PRETÉRITO PERFECTO	IMPERATIVO AFIRMATIVO
doy	daba	di	he dado	
das	dabas	diste	has dado	da
da	daba	dio	ha dado	dé
damos	dábamos	dimos	hemos dado	
dais	dabais	disteis	habéis dado	dad
dan	daban	dieron	han dado	den

dirigir Gerundio: **dirigiendo** Participio: **dirigido**

PRESENTE	PRETÉRITO IMPERFECTO	PRETÉRITO INDEFINIDO	PRETÉRITO PERFECTO	IMPERATIVO AFIRMATIVO
dirijo	dirigía	dirigí	he dirigido	
diriges	dirigías	dirigiste	has dirigido	dirige
dirige	dirigía	dirigió	ha dirigido	dirija
dirigimos	dirigíamos	dirigimos	hemos dirigido	
dirigís	dirigíais	dirigisteis	habéis dirigido	dirigid
dirigen	dirigían	dirigieron	han dirigido	dirijan

adquirir Gerundio: **adquiriendo** Participio: **adquirido**

PRESENTE	PRETÉRITO IMPERFECTO	PRETÉRITO INDEFINIDO	PRETÉRITO PERFECTO	IMPERATIVO AFIRMATIVO
adquiero	adquiría	adquirí	he adquirido	
adquieres	adquirías	adquiriste	has adquirido	adquiere
adquiere	adquiría	adquirió	ha adquirido	adquiera
adquirimos	adquiríamos	adquirimos	hemos adquirido	
adquirís	adquiríais	adquiristeis	habéis adquirido	adquirid
adquieren	adquirían	adquirieron	han adquirido	adquieran

averiguar Gerundio: **averiguando** Participio: **averiguado**

PRESENTE	PRETÉRITO IMPERFECTO	PRETÉRITO INDEFINIDO	PRETÉRITO PERFECTO	IMPERATIVO AFIRMATIVO
averiguo	averiguaba	averigüé	he averiguado	
averiguas	averiguabas	averiguaste	has averiguado	averigua
averigua	averiguaba	averiguó	ha averiguado	averigüe
averiguamos	averiguábamos	averiguamos	hemos averiguado	
averiguáis	averiguabais	averiguasteis	habéis averiguado	averiguad
averiguan	averiguaban	averiguaron	han averiguado	averigüen

caer Gerundio: **cayendo** Participio: **caído**

PRESENTE	PRETÉRITO IMPERFECTO	PRETÉRITO INDEFINIDO	PRETÉRITO PERFECTO	IMPERATIVO AFIRMATIVO
caigo	caía	caí	he caído	
caes	caías	caíste	has caído	cae
cae	caía	cayó	ha caído	caiga
caemos	caíamos	caímos	hemos caído	
caéis	caíais	caísteis	habéis caído	caed
caen	caían	cayeron	han caído	caigan

colgar Gerundio: **colgando** Participio: **colgado**

PRESENTE	PRETÉRITO IMPERFECTO	PRETÉRITO INDEFINIDO	PRETÉRITO PERFECTO	IMPERATIVO AFIRMATIVO
cuelgo	colgaba	colgué	he colgado	
cuelgas	colgabas	colgaste	has colgado	cuelga
cuelga	colgaba	colgó	ha colgado	cuelgue
colgamos	colgábamos	colgamos	hemos colgado	
colgáis	colgabais	colgasteis	habéis colgado	colgad
cuelgan	colgaban	colgaron	han colgado	cuelguen

conducir Gerundio: **conduciendo** Participio: **conducido**

PRESENTE	PRETÉRITO IMPERFECTO	PRETÉRITO INDEFINIDO	PRETÉRITO PERFECTO	IMPERATIVO AFIRMATIVO
conduzco	conducía	conduje	he conducido	
conduces	conducías	condujiste	has conducido	conduce
conduce	conducía	condujo	ha conducido	conduzca
conducimos	conducíamos	condujimos	hemos conducido	
conducís	conducíais	condujisteis	habéis conducido	conducid
conducen	conducían	condujeron	han conducido	conduzcan

contar Gerundio: **contando** Participio: **contado**

PRESENTE	PRETÉRITO IMPERFECTO	PRETÉRITO INDEFINIDO	PRETÉRITO PERFECTO	IMPERATIVO AFIRMATIVO
cuento	contaba	conté	he contado	
cuentas	contabas	contaste	has contado	cuenta
cuenta	contaba	contó	ha contado	cuente
contamos	contábamos	contamos	hemos contado	
contáis	contabais	contasteis	habéis contado	contad
cuentan	contaban	contaron	han contado	cuenten

decir Gerundio: **diciendo** Participio: **dicho**

PRESENTE	PRETÉRITO IMPERFECTO	PRETÉRITO INDEFINIDO	PRETÉRITO PERFECTO	IMPERATIVO AFIRMATIVO
digo	decía	dije	he dicho	
dices	decías	dijiste	has dicho	di
dice	decía	dijo	ha dicho	diga
decimos	decíamos	dijimos	hemos dicho	
decís	decíais	dijisteis	habéis dicho	decid
dicen	decían	dijeron	han dicho	digan

distinguir Gerundio: **distinguiendo** Participio: **distinguido**

PRESENTE	PRETÉRITO IMPERFECTO	PRETÉRITO INDEFINIDO	PRETÉRITO PERFECTO	IMPERATIVO AFIRMATIVO
distingo	distinguía	distinguí	he distinguido	
distingues	distinguías	distinguiste	has distinguido	distingue
distingue	distinguía	distinguió	ha distinguido	distinga
distinguimos	distinguíamos	distinguimos	hemos distinguido	
distinguís	distinguíais	distinguisteis	habéis distinguido	distinguid
distinguen	distinguían	distinguieron	han distinguido	distingan

VERBOS

PRESENTE	PRETÉRITO IMPERFECTO	PRETÉRITO INDEFINIDO	PRETÉRITO PERFECTO	IMPERATIVO AFIRMATIVO
dormir Gerundio: **durmiendo** Participio: **dormido**				
duermo	dormía	dormí	he dormido	
duermes	dormías	dormiste	has dormido	duerme
duerme	dormía	durmió	ha dormido	duerma
dormimos	dormíamos	dormimos	hemos dormido	
dormís	dormíais	dormisteis	habéis dormido	dormid
duermen	dormían	durmieron	han dormido	duerman
estar Gerundio: **estando** Participio: **estado**				
estoy	estaba	estuve	he estado	
estás	estabas	estuviste	has estado	está
está	estaba	estuvo	ha estado	esté
estamos	estábamos	estuvimos	hemos estado	
estáis	estabais	estuvisteis	habéis estado	estad
están	estaban	estuvieron	han estado	estén
haber Gerundio: **habiendo** Participio: **habido**				
he	había	hube		
has	habías	hubiste		he*
ha / hay*	había	hubo	ha habido	
hemos	habíamos	hubimos		
habéis	habíais	hubisteis		
han	habían	hubieron		
* impersonal				* única forma en uso
incluir Gerundio: **incluyendo** Participio: **incluido**				
incluyo	incluía	incluí	he incluido	
incluyes	incluías	incluiste	has incluido	incluye
incluye	incluía	incluyó	ha incluido	incluya
incluimos	incluíamos	incluimos	hemos incluido	
incluís	incluíais	incluisteis	habéis incluido	incluid
incluyen	incluían	incluyeron	han incluido	incluyan
jugar Gerundio: **jugando** Participio: **jugado**				
juego	jugaba	jugué	he jugado	
juegas	jugabas	jugaste	has jugado	juega
juega	jugaba	jugó	ha jugado	juegue
jugamos	jugábamos	jugamos	hemos jugado	
jugáis	jugabais	jugasteis	habéis jugado	jugad
juegan	jugaban	jugaron	han jugado	jueguen
llegar Gerundio: **llegando** Participio: **llegado**				
llego	llegaba	llegué	he llegado	
llegas	llegabas	llegaste	has llegado	llega
llega	llegaba	llegó	ha llegado	llegue
llegamos	llegábamos	llegamos	hemos llegado	
llegáis	llegabais	llegasteis	hebéis llegado	llegad
llegan	llegaban	llegaron	han llegado	lleguen
oír Gerundio: **oyendo** Participio: **oído**				
oigo	oía	oí	he oído	
oyes	oías	oíste	has oído	oye
oye	oía	oyó	ha oído	oiga
oímos	oíamos	oímos	hemos oído	
oís	oíais	oísteis	habéis oído	oíd
oyen	oían	oyeron	han oído	oigan
perder Gerundio: **perdiendo** Participio: **perdido**				
pierdo	perdía	perdí	he perdido	
pierdes	perdías	perdiste	has perdido	pierde
pierde	perdía	perdió	ha perdido	pierda
perdemos	perdíamos	perdimos	hemos perdido	
perdéis	perdíais	perdisteis	habéis perdido	perded
pierden	perdían	perdieron	han perdido	pierdan

PRESENTE	PRETÉRITO IMPERFECTO	PRETÉRITO INDEFINIDO	PRETÉRITO PERFECTO	IMPERATIVO AFIRMATIVO
enviar Gerundio: **enviando** Participio: **enviado**				
envío	enviaba	envié	he enviado	
envías	enviabas	enviaste	has enviado	envía
envía	enviaba	envió	ha enviado	envíe
enviamos	enviábamos	enviamos	hemos enviado	
enviáis	enviabais	enviasteis	habéis enviado	enviad
envían	enviaban	enviaron	han enviado	envíen
fregar Gerundio: **fregando** Participio: **fregado**				
friego	fregaba	fregué	he fregado	
friegas	fregabas	fregaste	has fregado	friega
friega	fregaba	fregó	ha fregado	friegue
fregamos	fregábamos	fregamos	hemos fregado	
fregáis	fregabais	fregasteis	habéis fregado	fregad
friegan	fregaban	fregaron	han fregado	frieguen
hacer Gerundio: **haciendo** Participio: **hecho**				
hago	hacía	hice	he hecho	
haces	hacías	hiciste	has hecho	haz
hace	hacía	hizo	ha hecho	haga
hacemos	hacíamos	hicimos	hemos hecho	
hacéis	hacíais	hicisteis	habéis hecho	haced
hacen	hacían	hicieron	han hecho	hagan
ir Gerundio: **yendo** Participio: **ido**				
voy	iba	fui	he ido	
vas	ibas	fuiste	has ido	ve
va	iba	fue	ha ido	vaya
vamos	íbamos	fuimos	hemos ido	
vais	ibais	fuisteis	habéis ido	id
van	iban	fueron	han ido	vayan
leer Gerundio: **leyendo** Participio: **leído**				
leo	leía	leí	he leído	
lees	leías	leíste	has leído	lee
lee	leía	leyó	ha leído	lea
leemos	leíamos	leímos	hemos leído	
leéis	leíais	leísteis	habéis leído	leed
leen	leían	leyeron	han leído	lean
mover Gerundio: **moviendo** Participio: **movido**				
muevo	movía	moví	he movido	
mueves	movías	moviste	has movido	mueve
mueve	movía	movió	ha movido	mueva
movemos	movíamos	movimos	hemos movido	
movéis	movíais	movisteis	habéis movido	moved
mueven	movían	movieron	han movido	muevan
pensar Gerundio: **pensando** Participio: **pensado**				
pienso	pensaba	pensé	he pensado	
piensas	pensabas	pensaste	has pensado	piensa
piensa	pensaba	pensó	ha pensado	piense
pensamos	pensábamos	pensamos	hemos pensado	
pensáis	pensabais	pensasteis	habéis pensado	pensad
piensan	pensaban	pensaron	han pensado	piensen
poder Gerundio: **pudiendo** Participio: **podido**				
puedo	podía	pude	he podido	
puedes	podías	pudiste	has podido	puede
puede	podía	pudo	ha podido	pueda
podemos	podíamos	pudimos	hemos podido	
podéis	podíais	pudisteis	habéis podido	poded
pueden	podían	pudieron	han podido	puedan

PRESENTE	PRETÉRITO IMPERFECTO	PRETÉRITO INDEFINIDO	PRETÉRITO PERFECTO	IMPERATIVO AFIRMATIVO
poner Gerundio: **poniendo** Participio: **puesto**				
pongo	ponía	puse	he puesto	
pones	ponías	pusiste	has puesto	pon
pone	ponía	puso	ha puesto	ponga
ponemos	poníamos	pusimos	hemos puesto	
ponéis	poníais	pusisteis	habéis puesto	poned
ponen	ponían	pusieron	han puesto	pongan
reír Gerundio: **riendo** Participio: **reído**				
río	reía	reí	he reído	
ríes	reías	reíste	has reído	ríe
ríe	reía	rió	ha reído	ría
reímos	reíamos	reímos	hemos reído	
reís	reíais	reísteis	habéis reído	reíd
ríen	reían	rieron	han reído	rían
saber Gerundio: **sabiendo** Participio: **sabido**				
sé	sabía	supe	he sabido	
sabes	sabías	supiste	has sabido	sabe
sabe	sabía	supo	ha sabido	sepa
sabemos	sabíamos	supimos	hemos sabido	
sabéis	sabíais	supisteis	habéis sabido	sabed
saben	sabían	supieron	han sabido	sepan
sentir Gerundio: **sintiendo** Participio: **sentido**				
siento	sentía	sentí	he sentido	
sientes	sentías	sentiste	has sentido	siente
siente	sentía	sintió	ha sentido	sienta
sentimos	sentíamos	sentimos	hemos sentido	
sentís	sentíais	sentisteis	habéis sentido	sentid
sienten	sentían	sintieron	han sentido	sientan
servir Gerundio: **sirviendo** Participio: **servido**				
sirvo	servía	serví	he servido	
sirves	servías	serviste	has servido	sirve
sirve	servía	sirvió	ha servido	sirva
servimos	servíamos	servimos	hemos servido	
servís	servíais	servisteis	habéis servido	servid
sirven	servían	sirvieron	han servido	sirvan
traer Gerundio: **trayendo** Participio: **traído**				
traigo	traía	traje	he traído	
traes	traías	trajiste	has traído	trae
trae	traía	trajo	ha traído	traiga
traemos	traíamos	trajimos	hemos traído	
traéis	traíais	trajisteis	habéis traído	traed
traen	traían	trajeron	han traído	traigan
valer Gerundio: **valiendo** Participio: **valido**				
valgo	valía	valí	he valido	
vales	valías	valiste	has valido	vale
vale	valía	valió	ha valido	valga
valemos	valíamos	valimos	hemos valido	
valéis	valíais	valisteis	habéis valido	valed
valen	valían	valieron	han valido	valgan
venir Gerundio: **viniendo** Participio: **venido**				
vengo	venía	vine	he venido	
vienes	venías	viniste	has venido	ven
viene	venía	vino	ha venido	venga
venimos	veníamos	vinimos	hemos venido	
venís	veníais	vinisteis	habéis venido	venid
vienen	venían	vinieron	han venido	vengan

PRESENTE	PRETÉRITO IMPERFECTO	PRETÉRITO INDEFINIDO	PRETÉRITO PERFECTO	IMPERATIVO AFIRMATIVO
querer Gerundio: **queriendo** Participio: **querido**				
quiero	quería	quise	he querido	
quieres	querías	quisiste	has querido	quiere
quiere	quería	quiso	ha querido	quiera
queremos	queríamos	quisimos	hemos querido	
queréis	queríais	quisisteis	habéis querido	quered
quieren	querían	quisieron	han querido	quieran
reunir Gerundio: **reuniendo** Participio: **reunido**				
reúno	reunía	reuní	he reunido	
reúnes	reunías	reuniste	has reunido	reúne
reúne	reunía	reunió	ha reunido	reúna
reunimos	reuníamos	reunimos	hemos reunido	
reunís	reuníais	reunisteis	habéis reunido	reunid
reúnen	reunían	reunieron	han reunido	reúnan
salir Gerundio: **saliendo** Participio: **salido**				
salgo	salía	salí	he salido	
sales	salías	saliste	has salido	sal
sale	salía	salió	ha salido	salga
salimos	salíamos	salimos	hemos salido	
salís	salíais	salisteis	habéis salido	salid
salen	salían	salieron	han salido	salgan
ser Gerundio: **siendo** Participio: **sido**				
soy	era	fui	he sido	
eres	eras	fuiste	has sido	sé
es	era	fue	ha sido	sea
somos	éramos	fuimos	hemos sido	
sois	erais	fuisteis	habéis sido	sed
son	eran	fueron	han sido	sean
tener Gerundio: **teniendo** Participio: **tenido**				
tengo	tenía	tuve	he tenido	
tienes	tenías	tuviste	has tenido	ten
tiene	tenía	tuvo	ha tenido	tenga
tenemos	teníamos	tuvimos	hemos tenido	
tenéis	teníais	tuvisteis	habéis tenido	tened
tienen	tenían	tuvieron	han tenido	tengan
utilizar Gerundio: **utilizando** Participio: **utilizado**				
utilizo	utilizaba	utilicé	he utilizado	
utilizas	utilizabas	utilizaste	has utilizado	utiliza
utiliza	utilizaba	utilizó	ha utilizado	utilice
utilizamos	utilizábamos	utilizamos	hemos utilizado	
utilizáis	utilizabais	utilizasteis	habéis utilizado	utilizad
utilizan	utilizaban	utilizaron	han utilizado	utilicen
vencer Gerundio: **venciendo** Participio: **vencido**				
venzo	vencía	vencí	he vencido	
vences	vencías	venciste	has vencido	vence
vence	vencía	venció	ha vencido	venza
vencemos	vencíamos	vencimos	hemos vencido	
vencéis	vencíais	vencisteis	habéis vencido	venced
vencen	vencían	vencieron	han vencido	venzan
ver Gerundio: **viendo** Participio: **visto**				
veo	veía	vi	he visto	
ves	veías	viste	has visto	ve
ve	veía	vio	ha visto	vea
vemos	veíamos	vimos	hemos visto	
veis	veíais	visteis	habéis visto	ved
ven	veían	vieron	han visto	vean

Y ADEMÁS:

NUEVA APP DE GRAMÁTICA ESPAÑOLA PARA IPAD Y TABLETAS ANDROID

http://appdegramatica.difusion.com

Mejora fácilmente tu español

Gramática Española es la *app* que te ayudará a dominar la gramática española

Disponible en el App Store

DISPONIBLE EN Google play